DE LA Ve À LA VIe
RÉPUBLIQUE ?

STÉPHANE BAUMONT

LES ESSENTIELS MILAN

Sommaire

Les mots suivis d'un astérisque (*) sont expliqués dans le glossaire.

La Ve République :

maturité ou métamorphose ?

La Ve République s'apprête à fêter ses quarante ans. Elle a connu tour à tour :

– cinq présidents (De Gaulle, Pompidou, Giscard d'Estaing, Mitterrand, Chirac) ;

– Seize Premiers ministres (Debré, Pompidou, Couve de Murville, Chaban-Delmas, Messmer, Chirac, Barre, Mauroy, Fabius, Chirac, Rocard, Cresson, Bérégovoy, Balladur, Juppé, Jospin) ;

– le présidentialisme majoritaire – (1958-1981), (1981-1986), (1988-1993), (1995-1997) ;

– huit référendums (du 28 septembre 1958, portant approbation de la nouvelle Constitution, au 20 septembre 1992, concernant le « oui » au traité de Maastricht) ;

– cinq dissolutions dont deux dites « de crise » (1962, 1968), deux « d'alternance » (1981 et 1988), et celle, « atypique », de 1997 (la seule qui n'ait pas donné raison à celui qui l'avait prononcée) ;

– dix révisions de la Constitution ;

– la cohabitation (1986-1988), l'alternance à nouveau (1988), la cohabitation une deuxième fois (1993-1995), l'alternance pour la troisième fois en quatorze ans (1995), la cohabitation une troisième fois depuis les élections législatives de 1997.

D'autres changements impressionnants ont caractérisé l'évolution de la Ve République : les révisions de 1962 et 1974, le déploiement du Conseil constitutionnel, la timide mais réelle renaissance du Parlement, le bouleversement inachevé du système de partis, la transformation des comportements électoraux et la décentralisation. Aujourd'hui, la Ve République semble à un tournant de son histoire. Après avoir examiné ses rouages essentiels, cet ouvrage s'interroge sur l'opportunité d'une métamorphose de notre démocratie conduisant à une VIe République.

Les quarante ans de la Vᵉ République

La France vit paradoxalement avec « trois Constitutions » regroupées en une seule. Riche d'interprétations différentes, notre « monarchie républicaine » devient peu à peu une « démocratie constitutionnelle ».

La France des « trois Constitutions »

Il est tentant d'affirmer, avec le professeur de droit Dominique Rousseau, que la France contemporaine dispose simultanément de trois Constitutions* :

– celle de 1958 (avec son régime parlementaire rationalisé et la restauration de la fonction présidentielle) ;

– celle de 1962 (avec l'élection du président de la République au suffrage universel direct* entraînant la primauté du chef de l'État, le présidentialisme majoritaire et l'irruption de la « monarchie » républicaine élective) ;

– enfin, celle de 1974 (due à la révision constitutionnelle étendant le droit de saisine du Conseil constitutionnel* à soixante députés ou soixante sénateurs, *voir* encadré). Elle conduit non seulement à une intervention de plus en plus fréquente du Conseil constitutionnel, mais aussi à une transformation de son rôle, permettant à la minorité politique d'avoir désormais juridiquement raison.

« *Une Constitution riche de virtualités opposées* »

En près de quarante ans de pratique, la Constitution de la Vᵉ République a fait l'objet de lectures contradictoires, parce qu'elle est « *riche de virtualités opposées* » (Georges Vedel, ancien doyen de la faculté de droit de Paris). Les acteurs politiques ont parfois méconnu le texte constitutionnel au point de le violer :

« *Une Constitution, c'est un esprit, des institutions, une pratique.* »
Général de Gaulle, 31 janvier 1964.

« *Une Constitution, c'est la pratique des choses, le tempérament des hommes, les habitudes de penser et d'agir d'un peuple.* »
François Mitterrand, 4 septembre 1987.

les cinq temps | pratique politique | séduction et spectacle

refus de convocation des Chambres opposé par le général de Gaulle en 1960 ; prolongation de l'usage de l'article 16* en 1961 ; recours au référendum direct prévu par l'article 11 en matière de révision constitutionnelle en 1962 et 1969 ; veto du président Mitterrand contre les ordonnances* en 1986, lors de la première cohabitation* (1986-1988).

Trois éléments ont fait basculer la Vᵉ République dans le présidentialisme majoritaire :

– la pratique politique du général de Gaulle de 1962 à 1969 ;

– la révision constitutionnelle instituant l'élection du président de la République au suffrage universel direct*. Elle a donné aux successeurs du Général une onction démocratique au moins égale sinon supérieure à celle des députés, et fait du chef de l'État la « clé de voûte » des institutions ;

– la concordance entre majorité présidentielle et majorité parlementaire. À noter que depuis 1962, il n'y a jamais eu de majorité à l'Assemblée nationale pour voter une motion de censure* contre un gouvernement choisi par le président de la République.

« La République des cohabitations »

Au rebours de la logique gaulliste et du présidentialisme majoritaire, la Vᵉ République est devenue, à trois reprises, « la République des cohabitations ». Cette situation a été créée par la coexistence d'une majorité parlementaire et d'une majorité présidentielle antagonistes.

« Une démocratie constitutionnelle »

Démocratie référendaire et plébiscitaire du temps du général de Gaulle, la Vᵉ République tend à devenir, depuis les années Pompidou-Giscard, « une démocratie constitutionnelle ». Le Conseil constitutionnel a été, en effet, un facteur d'équilibre entre les différents acteurs du jeu politique. Il a influé – notamment en période d'alternance* et de cohabitation – sur les modalités de mise en œuvre des choix politiques, sans en contester l'orientation fondamentale.

Saisine
C'est la possibilité ouverte, depuis 1974, à soixante députés ou soixante sénateurs de saisir le Conseil constitutionnel, afin qu'il se prononce sur la conformité de la loi à la Constitution. Auparavant, ce droit de saisine appartenait uniquement à quatre personnalités : le président de la République, le Premier ministre, les présidents des deux assemblées (Sénat et Assemblée nationale).

Unique en son genre, la Vᵉ République a montré sa formidable capacité d'adaptation et son étonnante souplesse face aux différents moments de l'histoire depuis quarante ans.

Quarante années de changements électoraux

La Ve République est marquée par de nombreux bouleversements électoraux : l'effondrement du parti communiste, la percée du parti socialiste, la disparition du gaullisme comme force souveraine, la montée de l'abstention, l'irruption du Front national et l'éclosion des Verts.

L'effondrement du parti communiste

VOTEZ COMMUNISTE

OÙ SONT LES LUTTES FINALES D'ANTAN ?

Situé à plus de 25 % aux élections législatives de 1946, reculant en 1958, puis se maintenant au-dessus des 20 %, le PCF connaît, depuis l'élection présidentielle de 1981, un indéniable recul : 6,8 % aux présidentielles de 1988, et 8,6 % à celles de 1995. Il ne domine plus le vote ouvrier. Le départ du charismatique Jacques Duclos et du pugnace Georges Marchais, mais aussi et surtout la chute du mur de Berlin en 1989, ont accentué le déclin du parti.

« C'est la première fois dans l'histoire de la République qu'un parti dispose à lui seul de la majorité absolue des sièges à l'Assemblée nationale. Gambetta et De Gaulle avaient entraîné et couvert de leur nom et de leur prestige ce qui, en réalité, était une coalition de partis. » **François Mitterrand, Le Monde, 2 juillet 1981.**

La percée du parti socialiste

En conquérant une partie de l'électorat du centre et en affaiblissant le parti communiste, le PS a, dès les années soixante-dix, étendu son influence. Échouant de peu aux législatives de 1978, il devient le premier parti de France en 1981 : François Mitterrand, alors premier secrétaire du PS, est élu à la présidence de la République. De 1981 à 1998, il est à gauche le seul parti à vocation à la fois gouvernementale et présidentielle.

La fin du gaullisme comme force souveraine

Longtemps parti dominant de la majorité parlementaire (majorité absolue des sièges en 1968), le parti gaulliste laisse, en 1974, l'Élysée à un centriste, Valéry Giscard d'Estaing, patron des Républicains indépendants. Jacques Chirac, le candidat du Rassemblement

les cinq temps | pratique politique | séduction et spectacle

pour la République (RPR fondé en 1976 et présidé depuis 1997 par Philippe Séguin), échoue aux présidentielles de 1981 et 1988, puis sort vainqueur en 1995.

La montée de l'abstention

Les scrutins récents ont révélé la hausse de l'abstention : 33,8 % aux législatives de 1988, 50,9 % aux cantonales de 1988, 62,4 % pour le référendum sur la Nouvelle-Calédonie, record absolu de notre histoire électorale . Parmi les causes : le rejet de la classe politique, des partis, du clivage gauche/droite, et du système représentatif.

L'irruption du Front national

C'est dans un contexte de crise économique, sociale et morale que fait irruption, dans le paysage politique, le Front national. Après les 0,75 % du candidat Le Pen en 1974, le parti s'implante et croît : 11 % des voix aux européennes de 1984, 14,6 % au premier tour de la présidentielle de 1988, 15 % à celui de 1995. Les spécialistes parlent de « vote-rejet, vote d'exaspération, vote de désespérance ».

L'éclosion des Verts

Née avec la candidature de René Dumont aux présidentielles de 1974 (1,3 % des voix), « l'écologie électorale » obtient son meilleur score aux élections européennes de 1989 avec la liste Waechter (10,6 % des suffrages exprimés*, soit neuf élus). Composante de la « gauche plurielle » qui l'emporte aux législatives de 1997, elle est aujourd'hui représentée dans le gouvernement Jospin par Dominique Voynet, ministre de l'Aménagement du territoire et de l'Environnement.

« La France, c'est tout à la fois, c'est tous les Français. Ce n'est pas la droite, la France ! Ce n'est pas la gauche, la France !... Je ne suis pas d'un côté, je ne suis pas de l'autre, je suis pour la France. » **Général de Gaulle, entretien avec l'académicien Michel Droit, 15 décembre 1965.**

À l'affrontement classique gaullisme/communisme des années 1960 s'est substitué l'affrontement droites républicaines/parti socialiste des années 1980/1990.

La « nouvelle République » du général de Gaulle (1958-1962)

Le général de Gaulle est de retour au pouvoir à la suite de la paralysie de la IVe République empêtrée dans le conflit algérien. Influencé par André Tardieu et Michel Debré, il invente la Constitution de 1958. Le peuple français l'adopte de façon massive lors du référendum du 28 septembre 1958.

ME REVOILÀ !

AH ! MON GÉNÉRAL !

L'invention de la Constitution de 1958

Devant l'impuissance des gouvernements à maîtriser la situation en Algérie, le président Coty fait appel au général de Gaulle à l'Hôtel Matignon (29 mai-1er juin 1958). Ce dernier fait voter la loi du 3 juin 1958 qui donne à la future Constitution cinq directives fondamentales :

1 – le suffrage universel* sera à la base des nouvelles institutions ;

2 – une séparation réelle des pouvoirs sera imposée entre l'exécutif* et le législatif ;

3 – le gouvernement sera responsable devant le Parlement* ;

4 – la Constitution devra garantir les libertés essentielles et l'indépendance de la justice ;

5 – la Constitution devra définir les rapports entre la République française et les peuples d'outre-mer.

La nouvelle Constitution est soumise à référendum* le 28 septembre 1958. Sur 36 millions de suffrages exprimés*, il y a 31 millions de « oui » et 5 millions de « non ». C'est un véritable plébiscite* sur un seul

Debré, Premier ministre
Michel Debré (1912-1996) fut le premier Premier ministre du général de Gaulle. Dans son gouvernement, on notait la présence de Jacques Soustelle, Félix Houphouët-Boigny, André Malraux, Antoine Pinay, ainsi que celle de Valéry Giscard d'Estaing comme secrétaire d'État aux Finances.

les cinq temps | pratique politique | séduction et spectacle

homme, le général de Gaulle. Il est élu président de la République par un collège de 83 000 grands électeurs, le 21 décembre 1958, avec 78,5 % des suffrages exprimés.

Ses caractères généraux

Inspirée par les idées d'André Tardieu, de Michel Debré, de certains parlementaires de la IVᵉ République et, surtout, du général de Gaulle (dans son discours de Bayeux de 1946), la Constitution de 1958 est, selon Georges Vedel, ancien doyen de la faculté de droit de Paris, « *un compromis apparent entre le régime parlementaire à l'anglaise et un régime présidentiel à l'américaine* ». Il conduit « *à un système dans lequel le président de la République a, à la fois, les avantages du monarque parlementaire (l'irresponsabilité, l'éloignement des affaires quotidiennes) et les avantages du régime présidentiel (pouvoir de dire le dernier mot)* ». La Constitution est aussi un compromis entre le régime représentatif (le député décide du destin de la nation) et la démocratie directe (référendum). Elle se caractérise par :

– le « parlementarisme rationalisé » ;
– les pouvoirs propres au chef de l'État (dissolution*, appel au référendum, utilisation de l'article 16*) ;
– enfin, par l'élection du président de la République au suffrage universel direct*, à la suite du grand tournant de 1962 (*voir* pp. 10-11).

Du point de vue de la forme
La Constitution comporte un préambule en deux alinéas. Vient ensuite un article 1ᵉʳ isolé puis des articles numérotés de 2 à 89, répartis en seize titres différents. Elle est beaucoup plus longue que les trois lois constitutionnelles de 1875.

La Constitution de 1958 institue un régime démocratique et républicain marqué par la défiance envers le législatif. C'est un costume taillé sur mesure pour le général de Gaulle, qui en arrêtera la coupe définitive par la révision de 1962.

La monarchie républicaine (1962-1969)

Elle est née de la volonté du général de Gaulle de faire élire le président de la République au suffrage universel direct. Après le référendum de 1962, le chef de l'État est métamorphosé en « monarque républicain ».

JE ME SUIS COMPRIS !

Le tournant de 1962

Une « bataille sans merci » va s'engager entre le général de Gaulle et les partis politiques quant au mode de désignation du président de la République. Et cela dans une atmosphère de crise : fin de la guerre d'Algérie en 1962 ; changement de Premier ministre – Pompidou remplaçant Debré – ; attentats de l'OAS contre le général de Gaulle – notamment celui du Petit-Clamart en août 1962 – ; vote d'une motion de censure* suivie de la dissolution* de l'Assemblée nationale. L'opposition est conduite par Gaston Monnerville, président du Sénat, qui accuse De Gaulle de « forfaiture » par son viol de la Constitution*. Mais il ne gagne pas la bataille politique : la révision de la Constitution, permettant l'élection du président de la République au suffrage universel direct*, est adoptée le 28 octobre 1962 par référendum*, par 62 % des suffrages exprimés*.

La France vient alors de connaître une mutation constitutionnelle fondamentale : le chef de l'État n'est plus le représentant éthéré de la Nation dans son ensemble, mais le chef de l'exécutif* devant s'appuyer, au Parlement*, sur une majorité. Le régime présidentiel majoritaire – encore appelé présidentialisme majoritaire ou monarchie républicaine – vient de naître. Après la Constitution de 1958, le général de Gaulle vient d'inventer, avec le peuple français, celle de 1962.

L'esprit de la Constitution nouvelle
« Il consiste [...] à faire en sorte que le pouvoir ne soit plus la chose des partisans mais qu'il procède directement du peuple, ce qui implique que le chef de l'État, élu par la Nation, en soit la source et le détenteur. »
De Gaulle, conférence de presse du 31 janvier 1964.

les cinq temps | pratique politique | séduction et spectacle

De Gaulle : monarque républicain (décembre 1962-27 avril 1969)

Cinq événements majeurs vont marquer ce « septennat » de « la Constitution De Gaulle » :

1 – la conférence de presse du 31 janvier 1964 (*voir* p. 10), véritable « défense et illustration de la Constitution » que le chef de l'État définit comme « *un esprit, des institutions, une pratique* » (*voir* pp. 4-5) ;

2 – l'élection présidentielle de décembre 1965, qui permettra aux Français de découvrir « la télévision et les sondages » (*voir* pp. 38-39) et verra la victoire, au second tour, du général de Gaulle (55 %) sur François Mitterrand (45 %) ;

3 – les élections législatives de 1967 marquées par des duels mémorables : Pompidou - Mitterrand à Nevers, et Pompidou - Mendès France à Grenoble. Elles seront remportées d'un siège par De Gaulle grâce aux Républicains indépendants de Valéry Giscard d'Estaing ;

4 – les événements de mai-juin 1968 qui ébranlent le régime sauvé *in extremis* par le général de Gaulle après une « vraie-fausse » vacance du pouvoir. La « majorité introuvable », née de la dissolution de l'Assemblée, fait oublier temporairement la profondeur du malaise et la force des slogans : « *13 mai 1958-13 mai 1968*, bon anniversaire mon Général » ; « *dix ans ça suffit* » ;

5 – le départ-démission du général de Gaulle (*voir* encadré), après l'échec du « référendum-question de confiance » du 27 avril 1969 portant sur l'organisation des régions et la réforme du Sénat. Conséquence : la mise en piste de son ancien Premier ministre, Georges Pompidou, qui avait déclaré, le 13 février de la même année à la télévision suisse : « *J'aurai peut-être, si Dieu le veut, un destin national.* »

La démission Communiqué du général de Gaulle, le 28 avril 1969 à 0 h 11 : « *Je cesse d'exercer mes fonctions de président de la République. Cette décision prend effet aujourd'hui à midi.* »

Régime présidentialiste autant que démocratie plébiscitaire, la République gaullienne sera vivement contestée en 1968 sans pour autant être renversée.

La République pompidolienne (1969-1974)

Georges Pompidou assume l'après-De Gaulle. La démission-révocation de Jacques Chaban-Delmas et l'échec du projet de quinquennat caractérisent cette République « proconsulaire », marquée par la maladie du président.

Pompidou et la politique
« Le futur président est saisi par la politique ce jour de septembre 1944 où un membre du cabinet du général de Gaulle cherche "un agrégé sachant écrire" ». Jean Lacouture, *Le Monde*, 17 juin 1969.

Dérive plébiscitaire et bonapartiste
Il s'agit du dérapage d'un régime républicain vers une pratique du référendum* qui, en conduisant à plébisciter le chef de l'État plutôt que de répondre à la question posée, rappelle les pratiques bonapartistes et impériales du pouvoir.

Les difficiles rapports Élysée-Matignon (20 juin 1969-5 juillet 1972)

Élu chef de l'État le 15 juin 1969 avec 58,2 % des suffrages exprimés* contre 41,8 % à Alain Poher – président du Sénat et président de la République par intérim –, Georges Pompidou succède au général de Gaulle. Il est déterminé à préserver l'héritage constitutionnel et la pratique politique de son prédécesseur. « *Cofondateur des institutions* » (selon Georges Vedel, ancien doyen de la faculté de droit de Paris), « *premier universitaire à accéder à la plus haute charge de la République* », Pompidou nomme, à l'Hôtel Matignon, Jacques Chaban-Delmas : grand résistant, maire inamovible de Bordeaux depuis 1947, et président de l'Assemblée nationale depuis novembre 1958. Ce dernier, conseillé notamment par Jacques Delors, lance le slogan et le projet de « la nouvelle société ». Désapprouvé par le président Pompidou, le Premier ministre est contraint, le 5 juillet 1972, à la démission, alors même que l'Assemblée nationale venait de lui renouveler sa confiance. Il est remplacé par Pierre Messmer, ancien haut administrateur des colonies et ministre des Armées du général de Gaulle. Pierre Viansson-Ponté souligne ironiquement, dans *Le Monde* en 1972, « *qu'un chef d'état-major se voyait remplacé par un aide de camp* ».

les cinq temps | pratique politique | séduction et spectacle

Une forte abstention pour le référendum européen

Rejetant la dérive plébiscitaire et bonapartiste (*voir* ci-contre), Georges Pompidou refuse de politiser et de dramatiser le problème européen. Il enregistre un demi-échec au référendum européen du 23 avril 1972 portant sur l'entrée de la Grande-Bretagne dans le marché commun. Si le oui l'emporte largement, l'abstentionnisme, en revanche, atteint presque 40 %. En 1973, les élections législatives permettent à la majorité d'éviter la défaite honorable prévue par les sondages. Avec 268 sièges se dégage une majorité solide que François Mitterrand – premier secrétaire du PS après le congrès d'Épinay du 13 juin 1971 – espérait obtenir pour appliquer son programme « Changer la vie ».

« LA NOUVELLE SOCIÉTÉ C'ÉTAIT UNE IDÉE FOLLEMENT DISCO !

SUPE

c.

La disparition du général de Gaulle
« *Le général de Gaulle est mort, la France est veuve.* »
Allocution de Georges Pompidou, 9 novembre 1970.

L'échec du quinquennat et la mort

Le 3 avril 1973, le président Pompidou, dans son message au Parlement*, annonce son souhait de réviser la Constitution*, afin de passer du septennat au quinquennat. Ce projet est rejeté par les gaullistes profondément attachés à la lecture gaullienne de la Constitution. Ils redoutent en effet, selon Maurice Couve de Murville, ancien Premier ministre, « *un processus de démantèlement de la Constitution* ». Il est également contesté par la gauche, alors que le programme de celle-ci opte pour le quinquennat. Toutefois, le projet est adopté par le Parlement dans sa première phase. Craignant un échec dans la deuxième étape, le président de la République, malade, interrompt le processus de révision. Il met ainsi fin à la première tentative d'instauration du quinquennat. Sa mort survient le 2 avril 1974, après de longues souffrances et une dégradation physique médiatiquement commentée (notamment au sommet de Reykjavik avec le président Nixon). Elle ouvre le deuxième intérim à l'Élysée assuré par le président du Sénat – Alain Poher à l'époque –, et déclenche une élection présidentielle.

> Le quinquennat de Georges Pompidou a permis l'enracinement de la Ve République et la confirmation de la pratique du présidentialisme majoritaire. Il voit aussi se poser, pour la première fois en public, la question de la maladie du président.

La République giscardienne (1974-1981)

Marqué par l'ouverture sociale et politique, le septennat de Valéry Giscard d'Estaing restera celui de l'invention de la « Constitution de 1974 ». Grâce au nouveau mode de saisine du Conseil constitutionnel, le système politique français et le droit constitutionnel connaîtront leur plus profonde mutation depuis 1958.

JE FUS LE PLUS JEUNE PRÉSIDENT DE LA RÉPUBLIQUE FRANÇAISE ...

JE RESTERAI LE PLUS ANCIEN EX-PRÉSIDENT !

« Le problème essentiel que pose le fonctionnement de notre vie politique n'est pas, en réalité, institutionnel. Il tient au caractère inutilement dramatique du débat politique dans notre pays. » **VGE, conférence de presse, 11 janvier 1977.**

« La France au fond des yeux »

Le décès prématuré en 1974 du président Georges Pompidou suscite la troisième élection présidentielle de la Ve République (la deuxième anticipée sur l'échéance normale après celle de 1969). VGE est élu, la même année, avec 50,8 % des suffrages exprimés* contre 49,2 % à François Mitterrand, grâce notamment à la petite phrase du fameux débat télévisé : *« Monsieur Mitterrand vous n'avez pas le monopole du cœur ! »* C'est la première fois, depuis 1965, que la majorité l'emporte avec une marge aussi étroite, avec un candidat non gaulliste, ne bénéficiant pas d'un parti politique d'importance. VGE est le premier président sans parti de la Ve République et, jusqu'à présent, encore le seul. Soucieux d'instaurer une *« ère nouvelle de la politique française »*, VGE, en homme de la *« décrispation »*, *« regarde la France au fond des yeux »*. Il ouvre son septennat sur des réformes de fond : abaissement de l'âge électoral de 21 ans à 18 ans, en juillet 1974 ; modification du statut de l'ORTF en août ; autorisation de vente des produits contraceptifs et de leur remboursement ; loi sur l'interruption volontaire de grossesse (dite loi Veil, décembre 1974) ; loi Haby, démocratisant l'enseignement secondaire ; législation également sur

les cinq temps   pratique politique   séduction et spectacle le divorce par consentement mutuel et sur la généralisation du régime de la Sécurité sociale ; mais la plus importante des réformes sur le plan constitutionnel est la révision de la Constitution en 1974.

« La Constitution de 1974 »

De Gaulle avait inventé celles de 1958 et de 1962 ; puis VGE celle de 1974 : il fit adopter une modification du texte fondamental, ce qui permet la saisine du Conseil constitutionnel* par soixante députés ou soixante sénateurs (*voir* pp. 4-5). D'institution mineure, ce dernier devient l'institution clé de la Ve République. Cette juridiction constitutionnelle se transforme en garant de l'alternance démocratique. Contrairement aux pratiques juridique et politique depuis 1789, la minorité politique peut désormais avoir juridiquement raison.

L'échec d'une « démocratie française »

Malgré une vraie volonté de changement, VGE se heurte à un certain nombre de difficultés qui créeront les conditions de l'échec du « président-citoyen » en 1981 : brouille avec son Premier ministre Jacques Chirac et les gaullistes, impopularité de son successeur à Matignon, Raymond Barre, amplification de la crise économique, critique des innovations ou « fautes » présidentielles (du ralentissement de l'hymne national au déjeuner avec les éboueurs ; des dîners au domicile des Français à l'affaire des diamants révélée en 1979 par *Le Canard enchaîné*).

Le bon choix...
« *Vous pouvez choisir l'application du "programme commun"* [de la gauche]. *C'est votre droit. Mais, si vous le choisissez, il sera appliqué. Ne croyez pas que le président de la République ait, dans la Constitution, les moyens de s'y opposer.* » VGE, discours de Verdun-sur-le-Doubs, janvier 1978.

Premier président de la Ve République élu au suffrage universel à avoir achevé son mandat, VGE échoue dans la « *décrispation* » de la vie politique. Mais il réussit à faire progresser, de façon considérable, l'État de droit.

La République mitterrandienne (1981-1995)

Premier président de la République à être élu deux fois de suite au suffrage universel direct*, François Mitterrand a aussi été l'unique chef d'État à connaître, pendant deux septennats, une telle variété de situations politiques : alternances, présidentialisme absolu, cohabitations, majorité relative.

D'alternances en cohabitations

En quatorze ans de présidence de la République, François Mitterrand a été confronté à des scénarios à la fois classiques sous la Ve République (concordance des majorités présidentielle et parlementaire de 1981 à 1986), rares (absence de majorité parlementaire absolue de 1988 à 1993), tout à fait inédits (alternance* présidentielle en 1981) et originaux (alternances parlementaires en 1986 et 1993, conduisant aux deux cohabitations* : 1986-1988 ; 1993-1995). Il a ainsi démontré, par une lecture gaullienne et non gaullienne de la Constitution*, sa formidable capacité d'adaptation.

« La Constitution, rien que la Constitution, toute la Constitution »

Aussi monarque-républicain que le furent De Gaulle, Pompidou et Giscard, Mitterrand incarna le pouvoir d'État, tout en détenant l'autorité gouvernementale. Il sut initier une pratique nouvelle (la cohabitation de 1986) : il suscita en effet la redécouverte *« des virtualités constitutionnelles que la pratique avait longtemps occultées »* (professeurs Burdeau, Hamon et Troper), et dégagea la future règle du jeu par une petite phrase sibylline glissée dans son message au Parlement* en 1986 : « *La Constitution, rien que la Constitution, toute la Constitution* ». Il maintint le « pré-carré » présidentiel par la coutume (le fameux

les cinq temps | pratique politique | séduction et spectacle

« *domaine réservé* »
inventé par Jacques
Chaban-Delmas), par les
prérogatives présiden-
tielles inscrites dans la
Constitution (article 5)
et par une communication
de « *Vénitien* » (selon le
mot de Jean d'Ormesson).
C'est ainsi que le président
Mitterrand permit à l'ar-
ticle 20 de la Constitution
– « *le gouvernement
détermine et conduit
la politique de la Nation* » –

d'être enfin respecté et appliqué… par des acteurs
politiques (Jacques Chirac et Édouard Balladur),
héritiers pourtant du « gaullo-pompidolisme ».

Les leçons du mitterrandisme

Des passions idéologiques du premier septennat
à la prudence très radical-socialiste du second,
de l'habileté de la stratégie politique intérieure aux
difficultés d'anticipation en politique étrangère sauf
pour l'Europe (qui reste l'une de ses principales
réussites), du succès de la décentralisation à l'échec
en matière d'emploi, du messianisme socialiste
du premier septennat aux affaires (corruption, sang
contaminé, passé révélé de la période Vichy) qui
marquèrent le second, le mitterrandisme (revendiqué
par aucun héritier !) est ainsi défini par le journaliste
Jean-Marie Colombani et le professeur de droit public
Hugues Portelli : « *Ce n'est ni une philosophie sociale,
ni une idéologie, encore moins une éthique politique,
mais une entreprise politique qui a su réussir
en discernant les tendances à l'œuvre dans la société
française, les institutions et les partis, et s'appuyer sur
elles aussi longtemps que possible.* » C'est peut-être
là la grande différence avec le gaullisme dont
se réclament toujours l'actuel titulaire de l'Élysée
et une partie de la droite parlementaire.

Unique
personnage de la
IVe République
à trouver sa
consécration sous
la Ve, François
Mitterrand reste,
comme l'écrivit
en 1997
l'historien
François Furet,
« *immense dans
son genre mais
limité par ce
genre même* ».

galerie
de portraits   défis
et questions   approfondir   **De la Ve à la VIe République ?** **17**

La République chiraquienne (1995-…)

C'est le premier président de la Vᵉ République à avoir connu l'expérience de la cohabitation en tant que Premier ministre, et à avoir dissous sa majorité introuvable pour faire naître la troisième cohabitation. Jacques Chirac semble être aussi le premier à mettre fin à la monarchie républicaine.

« La grandeur de la France est pour moi une version non emphatique, mais vécue de façon concrète, de ce que l'on appelle l'universalisme français. »
Interview de Lionel Jospin aux *Temps modernes,* **n° 594, juin-juillet 1997.**

Plus républicaine et radicale que monarchiste et gaulliste

Bien que se voulant héritier du gaullisme, Jacques Chirac paraît favoriser ce qu'il a d'ailleurs annoncé, la fin d'une certaine dérive monarchique du pouvoir. Il a été le premier Premier ministre à démissionner de sa propre initiative, le 25 août 1976, en s'opposant publiquement au chef de l'État (Valéry Giscard d'Estaing), le premier à cohabiter avec un président de la République (1986-1988). Il a été le premier leader d'un parti politique – le RPR – à obliger, par son attitude, le Premier ministre (Raymond Barre) à utiliser à huit reprises le fameux article 49.3* (de 1976 à 1981), le premier président de la République à avoir renforcé le rôle du Parlement* (révisions constitutionnelles des 4 août 1995 et 22 février 1996), le premier à avoir provoqué, moins de six mois après son élection, « une démission-remaniement du gouvernement Juppé » (7 novembre 1995). Il a été enfin le premier à avoir dissous sa propre majorité (« introuvable » pourtant), devenant ainsi le premier chef d'État à ne pas récolter

ALORS CHIRAC… TOUJOURS À COHABITER ?

les cinq temps | pratique politique | séduction et spectacle

les fruits d'une dissolution*, au contraire du général de Gaulle et de François Mitterrand.

Vers la fin du présidentialisme absolu

S'il est trop tôt, après moins de trois ans de septennat, pour tirer les conclusions d'une présidence, quelques tendances peuvent néanmoins être évoquées, notamment certains attachements du président Chirac à :
– une conception « très IIIe République » – c'est-à-dire républicaine et radicale – de l'État (« *État impartial qu'il veut dépositaire d'une espérance* », afin de « *renouer le pacte républicain entre les Français* ») ;
– une interprétation gaullienne du « domaine réservé* » (reprise puis arrêt des essais nucléaires en 1995-1996) et à une conception mitterrandienne de la cohabitation* (la politique critique à travers les petites phrases du « *gardien des valeurs de la République* », selon l'expression de Jacques Chirac) ;
– une volonté de mettre fin au présidentialisme absolu (volonté éprouvée par Alain Juppé, partagée avec Lionel Jospin).

Une troisième cohabitation annonciatrice de la VIe République ?

Contrairement aux deux premières, la troisième cohabitation a été provoquée par l'échec de la majorité présidentielle après la dissolution voulue par le président de la République en 1997. Elle place donc ce dernier en situation difficile par rapport au nouveau chef de l'exécutif*, Lionel Jospin. Celui-ci construit méthodiquement un nouvel ordre politique et constitutionnel, annonciateur d'une éventuelle VIe République. Il bénéficie, après ses premiers cent jours à Matignon, d'une excellente cote de popularité (jusqu'à Noël 1997 et jusqu'au développement du mouvement des chômeurs, début 1998) : au troisième rang de l'histoire récente après Mauroy et Balladur, le Premier ministre est décrit comme « *l'enfant de Machiavel autant que de Baden-Powell* » (Franz-Olivier Giesbert, *Le Figaro*, septembre 1997). Et il fait « *du Juppé sans Juppé* ».

> « *Le véritable et ultime héritier de De Gaulle était Mitterrand, Chirac le gaulliste s'est fait le fossoyeur de la République gaullienne qu'il débarrasse du même coup de son lourd apparat monarchique.* »
> **Claude Lanzmann, Les Temps modernes, n° 594, juin-juillet 1997.**

> Mélange de tous les genres, la République du président Chirac peut conduire soit à une lecture enfin classique de la Constitution de 1958, soit à une révolution tranquille dont la troisième cohabitation serait fondatrice d'une VIe République.

Les sept référendums de la Ve République

Institution fondamentale de la Ve République, pratiquée sous forme de question de confiance par le général de Gaulle, le référendum connaît une phase de sommeil dans l'après-gaullisme. Puis il est revivifié par la ratification du traité de Maastricht en 1992 et la révision constitutionnelle de 1995.

« La souveraineté nationale appartient au peuple qui l'exerce par ses représentants et par la voie du référendum. »
Article 3 de la Constitution.

« Le référendum risque fort de dépérir aussi longtemps que la décision de le convoquer est confiée aux seules mains du chef de l'État qui en mesure toutes les incertitudes. »
Doyen Vedel,
Le Monde,
7 mai 1997.

Les référendums gaulliens

Ils sont au nombre de quatre : 8 janvier 1961 (auto-détermination en Algérie) ; 8 avril 1962 (approbation des accords d'Évian mettant un terme à la guerre d'Algérie) ; 28 octobre 1962 (révision de la Constitution* instaurant l'élection du président de la République au suffrage universel direct*, voir pp. 10-11) ; 27 avril 1969 (projet relatif à la création des régions et à la rénovation du Sénat). Chacun prit la forme d'une question de confiance engageant directement la responsabilité politique du président de la République devant le peuple (l'électorat répond moins à la question posée qu'à son auteur). Le chef de l'État trouvait ainsi, dans le « oui » à sa question, la source de la légitimité populaire qu'il jugeait indispensable à la poursuite de sa politique. Dénoncés par les adversaires du général de Gaulle comme des plébiscites*, ces référendums* ont conduit à l'invention d'une démocratie semi-directe : ils ont permis au pays de trancher « quand il s'est agi de son destin ou de ses institutions » (De Gaulle) ; ils ont même conduit le fondateur de la Ve République à la démission, après l'échec du quatrième référendum (assimilé par nombre d'observateurs à « un suicide politique »).

Les référendums postgaulliens

L'interprétation gaullienne du référendum dissuada ses successeurs de mettre leur responsabilité en jeu devant le peuple. Et, de 1969 à 1998, plus un seul réfé-

les cinq temps | pratique politique | séduction et spectacle

rendum-question de confiance ne lui fut posé. Georges Pompidou comme François Mitterrand réfutant cette lecture gaullienne (d'ailleurs non prévue par la Constitution), ils proposent leur propre référendum. Le 23 avril 1972 : approbation de l'élargissement du Marché commun à la Grande-Bretagne, à l'Irlande et au Danemark ; le 6 novembre 1988 : autodétermination de la Nouvelle-Calédonie ; le 20 septembre 1992 : courte majorité favorable au traité de Maastricht sur l'Union européenne.

Après la tentative manquée du général de Gaulle, en mai 1968, sur l'université, et les échecs rencontrés par François Mitterrand à cause du veto du Sénat en mai 1984 (révision de l'article 11 encore appelé « référendum sur le référendum ») puis, en mars 1990 (possibilité donnée aux citoyens de saisir le Conseil constitutionnel* à l'occasion d'un procès), le référendum connaît une révision le 4 août 1995 : elle concerne l'extension de son champ d'application aux « *orientations générales de la politique économique et sociale de la Nation* ». Enfin, le 7 mai 1997, l'ancien doyen de la faculté de droit de Paris, Georges Vedel, proposait, dans le cadre de « L'appel de cinq constitutionnalistes pour changer la République », non seulement le contrôle préalable du texte soumis à référendum par le Conseil constitutionnel, mais aussi « *l'institution d'un référendum d'initiative minoritaire* » (*voir* encadré).

LA RÉPONSE AU RÉFÉRENDUM EST "OUI"

RESTE À POSER LA QUESTION !

Qu'il soit législatif ou constitutionnel, le référendum rend légitime « la monarchie républicaine élective » en la transformant en « démocratie continue ».

Les cinq dissolutions de la Vᵉ République

La Vᵉ République a connu cinq dissolutions depuis 1958. Quatre ont permis au président qui les avait déclenchées de conforter la majorité parlementaire. La dernière vient de conduire le pays à sa troisième cohabitation*.

« Maintes fois, un problème national capital a été résolu par le recours direct au droit souverain de la nation. En chacune de ces occasions, ayant confiance en elle, je lui ai demandé si elle avait confiance en moi. »
Général de Gaulle, entretien avec Michel Droit, journaliste, 10 avril 1969.

« J'ai l'intention de dissoudre... Le problème pour moi sera de disposer d'une majorité parce qu'on ne peut pas mener une autre politique sans une autre majorité. »
François Mitterrand, 5 mai 1981.

La dissolution : l'une des expressions du pouvoir présidentiel

Prévue par les IIIᵉ et IVᵉ Républiques, elle n'a été utilisée que deux fois en près d'un siècle, en 1877 et 1955. La Constitution* de 1958 pose une règle simple et brutale : le droit de dissolution appartient au président de la République (article 12), qui l'exerce sans être soumis à l'obligation du contreseing* (article 19). Cinq dissolutions ont marqué la Vᵉ République.

– Deux « dissolutions de crise » sous le général de Gaulle : en octobre 1962, à la suite de la motion de censure* adoptée contre le gouvernement Pompidou (par 280 voix sur 480 députés et portant sur la procédure de révision utilisée par le général de Gaulle) ; en 1968, pour mettre fin à la contestation étudiante et profiter d'une conjoncture favorable, afin d'élargir la majorité élue en 1967 qui n'était alors que d'un siège.

– Deux « dissolutions d'alternance* » sous François Mitterrand : en 1981 et 1988, le président de la République se donna ainsi la majorité parlementaire indispensable à l'application de son programme. Ni Georges Pompidou, ni Valéry Giscard d'Estaing n'ont eu recours à la dissolution.

– Une cinquième dissolution sous Jacques Chirac en 1997.

La dissolution répond toujours à des considérations tactiques ou stratégiques. Dictée par les circonstances, elle peut même être rapprochée du référendum* (voir pp. 20-21) : question de confiance posée au peuple directement par le président de la République comme en 1962, 1968 et 1981 ; l'aspect plébiscitaire a été plus

les cinq temps | pratique politique | séduction et spectacle

atténué en 1988, François Mitterrand ayant indiqué qu'il était prêt à cohabiter en cas de victoire de la droite.

La cinquième dissolution de la Vᵉ République

Elle présente plusieurs originalités : atypique, rompant avec l'atmosphère traditionnelle de crise des précédentes, relevant de ce que les spécialistes appellent une « dissolution à la britannique », c'est-à-dire sans autre nécessité qu'une bonne gestion stratégique du temps politique. En effet, en Grande-Bretagne, la dissolution est une arme politique permettant au Premier Ministre de choisir le moment propice pour procéder au renouvellement de la Chambre.

C'est la première dissolution virtuelle de la Vᵉ République, puisque c'est la seule à avoir donné lieu à autant de rumeurs, de démentis de la rumeur puis de retours orchestrés de la rumeur, comme si le président de la République n'avait eu besoin, le lundi 21 avril 1997, que de confirmer la nouvelle à la télévision…

C'est enfin la première fois, sous la Vᵉ République, qu'une Assemblée nationale disposant d'une « majorité introuvable », et soutenant le président de la République, est dissoute (la majorité était relative en 1962 et 1967). Quant au président Mitterrand, il n'avait pas de majorité puisque siégeaient les majorités de droite élues en 1978 et 1986.

FORCE DE FRAPPE

DISSOLUTION DE L'ASSEMBLÉE

Le droit de dissoudre l'Assemblée nationale est une prérogative présidentielle. Il renvoie collectivement les députés devant leurs électeurs, avant la fin de leur mandat. C'est un moyen essentiel dans la mission d'arbitrage que l'article 5 de la Constitution attribue au président de la République.

Les dix révisions de la Constitution

Depuis 1958, la France a connu dix révisions de sa Charte fondamentale : cinq de 1958 à 1992, et cinq autres depuis 1992. Certains, aujourd'hui, voudraient aller plus loin avec la « grande révision du quinquennat ». Ce serait alors un changement de régime.

L'alinéa 4 de l'article 89* stipule que « *la forme républicaine du gouvernement ne peut faire l'objet d'une révision* ».

« *Changer la République* » *Le Monde* du 7 mai 1997 a publié l'appel de cinq éminents constitutionnalistes – les professeurs Carcassonne, Duhamel, Mény, Portelli et Vedel – sous le titre « *Changer la République* ». Ils proposent notamment la révision de l'article 89, l'institution d'un référendum* d'initiative minoritaire (*voir* pp. 20-21), l'adoption du quinquennat, la suppression du cumul des mandats, l'invention d'un vrai contrôle politique et financier.

Dix révisions en quarante ans

En quarante ans, la France a connu une multiplication de révisions constitutionnelles, de 1958 à 1998. Elles concernaient la Communauté* (1960), l'élection du président de la République au suffrage universel direct* (1962), la modification des dates des sessions parlementaires (1963), l'élargissement du droit de saisine du Conseil constitutionnel* à soixante députés ou soixante sénateurs (1974, *voir* pp. 4-5), la nouvelle réglementation concernant l'élection présidentielle (1976), en cas de décès de l'un des candidats, notamment entre les deux tours.

Depuis 1992, le rythme s'est accéléré. Notre Constitution* a été révisée pour différentes raisons : permettre la ratification du traité sur l'Union

les cinq temps   **pratique politique**   séduction et spectacle européenne (dit traité de Maastricht), modifier le Conseil supérieur de la magistrature, instituer la Cour de justice de la République et de nouvelles règles quant à la responsabilité pénale des ministres (juillet 1993), contourner la censure – par le Conseil constitutionnel – des dispositions de la loi Pasqua relatives au droit d'asile (novembre 1993). Deux autres révisions ont eu lieu dans la première année du septennat de Jacques Chirac. Un fait unique dans les annales de la Ve République : en août 1995, pour allonger la durée de la session parlementaire d'octobre à juin – instaurant ainsi une session unique au lieu de deux –, et pour étendre le champ du référendum prévu par l'article 11*. Enfin, la révision de 1996 augmente les pouvoirs du Parlement dans le domaine des finances de la Sécurité sociale.

Un danger pour la démocratie ?

Le professeur de droit public Dominique Rousseau a dénoncé cette inflation « révisionniste » dans un article paru dans le journal *La Croix* du 4 mars 1996 sous le titre « *Trop de révisions tue la Constitution* ».

Il n'y a donc pour lui de bonne révision que totale, « *une manière de passer de la Ve à la VIe République* », ainsi que le rappelait le professeur de droit Louis Favoreu en juillet 1995, dans un article du *Figaro*.

On peut toutefois soutenir que cette multiplication de révisions ne met pas en danger la démocratie. Les procédures constitutionnelles sont respectées, la capacité d'adaptation de la loi fondamentale illustrée, les contraintes normatives européennes prises en compte, la volonté politique matérialisée (en période de cohabitation* comme de présidentialisme majoritaire). Elle ne remet pas en cause la philosophie d'une révision de la Constitution. Celle-ci procède, tel que le souligne l'introduction du rapport Vedel, « *d'un système de valeurs reconnaissant l'autorité de la règle de droit non comme un but ultime valable en soi mais comme le moyen irremplaçable de promouvoir les droits de l'homme et de faire vivre la République et ses idéaux* ».

Une onzième révision ? Le Conseil constitutionnel a jugé, le 31 décembre 1997, les dispositions du traité d'Amsterdam (*voir* pp. 48-49) sur la libre circulation des personnes non conformes à la Constitution. Comme pour Maastricht en 1992, il faudra donc réviser cette dernière. La date n'est pas arrêtée : on parle du second semestre 1998.

Les multiples révisions de la Loi fondamentale illustrent la volonté des gouvernants de faire évoluer le cadre institutionnel français, de l'adapter au jeu politique et à la demande des citoyens.

Les trois cohabitations

Après les cohabitations Mitterrand-Chirac (1986-1988), Mitterrand-Balladur (1993-1995), la France connaît, depuis juin 1997, sa troisième cohabitation (Chirac-Jospin). Ces trois expériences constitutionnelles ont remis en cause la pratique traditionnelle de la Ve République en permettant une nouvelle lecture de la Constitution.

« Il doit être évidemment entendu que l'autorité indivisible de l'État est confiée tout entière au président par le peuple qui l'a élu, qu'il n'en existe aucune autre, ni ministérielle, ni civile, ni militaire, ni judiciaire, qui ne soit conférée et maintenue autrement que par lui. » Général de Gaulle, conférence de presse du 31 janvier 1964.

Des expériences inédites

Selon le professeur de droit public Marie-Anne Cohendet, la cohabitation*, c'est « *la coexistence d'un chef d'État et d'une majorité parlementaire représentant des tendances politiques antagonistes* ». Elle contribue à la remise en question de la suprématie présidentielle – le Président n'ayant plus de majorité parlementaire – et à l'avènement du régime parlementaire : instauration autour du Premier ministre d'un système gouvernemental responsable devant le Parlement. Relativement fréquente dans notre histoire (Louis XVI et l'Assemblée législative, Mac-Mahon et Gambetta, Albert Lebrun et Léon Blum), la cohabitation est diversement appréciée :
– les uns (du général de Gaulle à Raymond Barre) la contestent, car ils la trouvent contraire à l'esprit de la Constitution*, ainsi qu'à la pratique du présidentialisme majoritaire ;
– les autres (Valéry Giscard d'Estaing, Mitterrand et Chirac) l'acceptent ou la mettent en œuvre grâce à une nouvelle lecture des « Tables de la loi » constitutionnelles.

Une nouvelle répartition des pouvoirs

La cohabitation ne remet pas en cause la Constitution, ne paralyse pas le fonctionnement des institutions. Elle révèle certains aspects de la Ve République jusqu'alors enfouis sous des pratiques présidentialistes : « *le président de la République n'est plus un chef d'État tout-puissant mais un arbitre ; le Premier*

les cinq temps | pratique politique | séduction et spectacle

ministre devient le chef du Gouvernement, qui n'est responsable que devant le Parlement », souligne le professeur Marie-Anne Cohendet.

Le président Mitterrand avait fixé les règles de la première cohabitation : *« La Constitution, rien que la Constitution, toute la Constitution »*. Il exerce son droit de veto présidentiel, multiplie les critiques et les réserves à l'égard du gouvernement Chirac. Il persévéra, avec un peu moins de succès toutefois, dans son rôle de « tribun de la plèbe », lors de la deuxième cohabitation. La troisième semble donner au Premier ministre plus de pouvoir que les précédentes dans la mesure où elle a été provoquée non par le calendrier électoral, mais par la volonté politique du chef de l'État. C'est lui qui a pris la décision de dissoudre l'Assemblée.

En permettant enfin au gouvernement de « déterminer et conduire » la politique de la Nation, la cohabitation entraîne un meilleur fonctionnement de la Ve République : elle respecte le texte constitutionnel et fait prévaloir la Constitution de 1958 et 1974 sur la « Constitution De Gaulle » de 1962 (*voir* pp. 10-11). Une manière de mettre fin à la monarchie républicaine.

« Comme les chats, on dort toujours en regardant. » **François Mitterrand, TF1, 2 mars 1988.**

À la fois retour au texte de la Constitution de 1958 et entorse à la pratique gaullienne de la Ve République, la cohabitation ne gêne pas le gouvernement de la France. Même si elle rend difficilement utilisable le référendum et la révision constitutionnelle.

VOUS N'AVEZ PAS UN EMPLOI-VIEUX ?

La communication élyséenne

La Ve République est aussi l'ère de la « médiapolitique ». C'est pourquoi chaque président s'est doté d'une stratégie de communication. Sa légitimité, depuis 1962, n'est donc plus simplement populaire... elle est aussi cathodique !

Charles de Gaulle : « le charisme médiatisé »

Le professeur de droit Jean-Marie Cotteret a défini la communication des quatre premiers présidents. Selon lui, De Gaulle a su jouer sur le registre à la fois rationnel et émotionnel avec le « discours-appel » (né à Londres le 18 juin 1940). Il a également décliné pendant dix ans, sous la forme de « moi ou le chaos », les « discours-bilans » permettant d'associer dans un « nous » collectif le peuple et « son » Président. À souligner, enfin, son utilisation théâtrale du costume – selon le degré de gravité de la situation, l'uniforme du Général l'emportait sur le complet veston – sans oublier « les conférences de presse » au rituel bien établi.

Pompidou : « la communication sereine »

Normalien et pédagogue, Georges Pompidou donnait une image « de bon père de famille ». Il développa une « communication sereine » – sans la dramatisation gaullienne – et, parfois, très émouvante (affaire Gabrielle Russier, *voir* ci-contre). L'absence totale de communication sur la maladie qui devait l'emporter posa, à nouveau, le problème de la transparence quant à la santé du chef de l'État.

Giscard d'Estaing : la stratégie « deux Français sur trois »

En conduisant une « communication de conquête » pour tenter de faire adhérer à sa politique « deux Français sur trois » (titre de l'un de ses ouvrages), VGE a excellé « sur le mode pédagogique rationnel

les cinq temps | pratique politique | séduction et spectacle

et logique ». Il était conseillé par Bernard Rideau, qui installa à l'Élysée une « cellule d'évaluation et de préconisations » spécialisée dans l'analyse politique. Mais VGE vit peu à peu ses innovations (rythme de *a Marseillaise*, dîners chez les Français, déjeuners avec les éboueurs, ouverture du palais de l'Élysée au public...) se retourner contre lui. Perçues comme des gadgets, elles contribuèrent en effet à « désacraliser » le pouvoir.

« La communication avec l'ensemble des Français, c'est une affaire assez difficile, d'une part parce que je ne souhaite pas m'imposer plus qu'il ne convient, et, d'autre part, parce qu'il faut bien que je m'adresse à eux sans quoi on risque de perdre le fil. » **François Mitterrand, 12 février 1984.**

François Mitterrand : « la communication paradoxale »

Pendant quatorze ans, le président Mitterrand eut une conduite paradoxale, donc une communication du même type : du discours très socialiste de 1981 à celui plus libéral de 1983, du président socialiste de 1981 au « président de tous les Français » de 1988, de l'engagement militant aux situations de cohabitation*, de l'image du résistant attaché aux droits de l'homme aux révélations sur Vichy, de la communication de bons bulletins de santé à la connaissance posthume de son cancer de la prostate depuis 1981 et à la révélation très médiatisée de l'existence de sa fille Mazarine.

CONSEILLER EN IMAGE, MON BON CONSEILLER EN IMAGE DIS-MOI QUI EST LE PLUS BEAU !?!

Jacques Chirac : à la recherche pathétique d'une communication introuvable

Excellent chef de campagne, archétype du candidat idéal sur le terrain, Jacques Chirac, près de trois ans après son élection, est néanmoins toujours à la recherche de sa propre communication. C'est le premier président à avoir comme conseiller sa propre fille et celui qui était aux côtés de son prédécesseur (Jacques Pilhan). Mais il n'arrive à maîtriser ni l'outil télévisuel, ni le fond d'un discours qu'il veut pourtant plus républicain que « gaullien-monarchique » (*voir* pp. 18-19).

La communication est devenue un instrument essentiel du gouvernement. Les présidents doivent désormais nouer avec les citoyens – « électeurs-téléspectateurs-zappeurs » – une relation télévisuelle.

Les grand-messes républicaines

La Ve République a connu deux grands moments symboliques : lors de sa fondation, le 4 septembre 1958, par le général de Gaulle ; puis lors de sa première alternance*, le 21 mai 1981, avec l'élection de François Mitterrand à l'Élysée.

« Quand la nuit essaye de revenir, il faut allumer les grandes dates comme on allume des flambeaux. » **Victor Hugo (1802-1885),** *Actes et Paroles,* **1875-1876.**

4 septembre 1958 : Malraux, De Gaulle et la place de la République

C'est à André Malraux que l'on doit la double symbolique autour de l'intervention du général de Gaulle, celle où il présenta le projet constitutionnel de la Ve République qui allait être soumis à référendum* (*voir* pp. 8-9).

Une symbolique républicaine :
– par la date : le 4 septembre 1958 correspond au 4 septembre 1870, une manière de commémorer l'avènement de la IIIe République et de répondre ainsi à ceux qui qualifiaient les gaullistes d'agresseurs de la République ;

PEUPLE DE FRANCE COMMUNIONS ENSEMBLE !

– par la géographie : la place de la République à Paris, avec, en fond de décor, la vieille statue de bronze incarnant la République.

On discerne également une symbolique gaulliste par le « V » de 40 mètres de hauteur : il incarne la Victoire popularisée par les luttes de la France libre, de 1940 à 1944. Mais il représente aussi, en chiffre romain, la nouvelle République.

À cette symbolique temporelle et scénique s'ajoute celle de la rhétorique républicaine, celle d'André Malraux, ce 4 septembre 1958 : « *Quand le 14 juillet, j'ai dit... que certains voulaient la République sans le général de Gaulle et d'autres le général sans la République, la France, elle, voulait la République avec le général de Gaulle... Une fois de plus, au rendez-vous de la République et au rendez-vous de l'Histoire, vous allez entendre le général de Gaulle »...* C'est alors que la DS noire

les cinq temps | pratique politique | séduction et spectacle

du chef du gouvernement surgit, se range au pied de la tribune : De Gaulle en sort, monte sur le podium, « *l'homme sémaphore écarte les bras en forme de "V", on l'acclame* » (Jean Lacouture, *De Gaulle, Le Politique*, Le Seuil, 1985).

21 mai 1981 : Jack Lang, Mitterrand et le Panthéon

C'est notamment à Jack Lang, assisté de Serge Moatti, réalisateur de télévision, et de Roger Hanin que l'on doit la mise en scène de la cérémonie du Panthéon, « grand-messe républicaine ». En se rendant au Panthéon, François Mitterrand renouait « *avec la tradition la plus ancienne, celle qui unit, en traversant Paris, les cultes de l'ouest et les cultes de l'est, les morts de la Défense nationale et les morts de la Révolution* » (Maurice Agulhon, historien).

Les accents de *l'Hymne à la joie* accompagnent le chef de l'État qui remonte la rue Soufflot. Puis il pénètre, seul, dans le Panthéon pour fleurir de roses les tombes de Jean Jaurès (1859-1914), de Victor Schœlcher (1804-1893), et de Jean Moulin (1899-1943) : triple symbolique et triple hommage au socialisme, à l'antiesclavagisme et à la Résistance.

« *Quelque chose a changé, un homme s'avance, une rose à la main* », chantera Barbara (1930-1997).

Le journaliste Franz-Olivier Giesbert perçoit, dans cette cérémonie, « *la plus grande faute de goût de Mitterrand qui se prend pour l'Histoire qui passe* ». Jean-Marie Colombani, lui, y voit le nouveau chef de l'État dessiner « *les premiers éléments de sa propre légende qu'il veut républicaine* ».

> « *C'est à l'école de la vie collective que l'individu a appris à idéaliser.* » Émile Durkheim, sociologue (1858-1917), *Les Formes élémentaires de la vie religieuse*, 1912.

> Il n'est pas d'installation de régime politique (1958) ou de bouleversements dans le cours de celui-ci (1981) sans l'accompagnement d'une symbolique. L'histoire de la Nation et de la République étant l'escorte indispensable aux premiers pas du nouveau leader.

Pouvoir cathodique et pouvoir politique

Les médias audiovisuels sont devenus le lieu privilégié du débat politique. Ils sont passés d'une mainmise des gouvernants à une libéralisation qui n'a pas pour autant diminué l'intensité passionnelle des rapports entre journalistes et hommes politiques.

« La télévision est la voix de la France », **Georges Pompidou, 1972.**

« La radio et la télévision ne sont pas la voix de la France », **Valéry Giscard d'Estaing, 1975.**

Du monopole d'État à l'autonomie

C'est durant les « années De Gaulle » que la télévision s'impose dans la vie quotidienne des Français. Le taux d'équipement des ménages en postes de télévision passe de 5 à 62 % de 1958 à 1968. Le petit écran va très vite occuper une place d'autant plus déterminante dans le paysage politique que le fondateur de la Ve République en est le principal acteur « cathodique ». Un monopole d'État sur la télévision et sur les ondes ainsi qu'un contrôle « politique » de l'information vont jusqu'à la suppression de certaines émissions comme *La boîte à sel* ou *La caméra explore le temps*. À cela va succéder un certain pluralisme grâce à la campagne présidentielle de 1965, aux événements de mai-juin 1968 et au départ du général de Gaulle en 1969. La même année, Jacques Chaban-Delmas, Premier ministre, fait une tentative de libéralisation de l'ORTF avec la création de deux chaînes : la 1re Chaîne dirigée par Pierre Desgraupes, la 2e Chaîne par Jacqueline Baudrier. Puis Valéry Giscard d'Estaing va accélérer un processus qui conduira aux bouleversements des « années Mitterrand » : la fin du monopole d'État sur les ondes,

les cinq temps   pratique politique   séduction et spectacle dès 1981, se traduit par l'autorisation des radios libres ; des chaînes de télévision privées sont créées (Canal + en 1984, la Cinq et M6 en 1986) ; le Conseil supérieur de l'audiovisuel (CSA) voit le jour en 1989.

Du « 20 heures » aux émissions politiques

Première source d'information des Français, le journal télévisé de 20 heures est plus qu'un rendez-vous. C'est un rituel avec son présentateur vedette (Christine Ockrent, PPDA par exemple) et son invité : l'homme politique, en « *homocathodicus* » (selon l'appellation du professeur de droit Jean-Marie Cotteret), connaît l'impact de toute déclaration dans le cadre du « 20 heures » comme dans celui des émissions politiques. Depuis 1960, celles-ci balisent la présence de la classe politique dans le paysage audiovisuel.

« L'influence du téléjournalisme sur le cours des choses et sur l'opinion devient une nouvelle donne que les démocraties maîtrisent mal. » **Christine Ockrent, revue *Pouvoirs*, n° 51, 1989.**

La politique à domicile

Personnalisées par leur présentateur (de Pierre Lazareff et Pierre Desgraupes à Jean-Pierre Elkabbach et François-Henri de Virieu, d'Édouard Sablier et Alain Duhamel à Guillaume Durand et Michel Field) et leur présentatrice (d'Éliane Victor et Anne Sinclair à Geneviève Guicheney, Michèle Cotta et Christine Ockrent), ces émissions ont contribué à installer le débat politique non plus au Parlement, mais sur « les étranges lucarnes » : *Cinq colonnes à la une* (1re chaîne – 1959), *Panoramas* (1re – 1960), *Face à face* (1re – 1960), *À armes égales* (1970), *Actuel 2* (2e – 1970), *Cartes sur table* (A2 – 1978), *Droit de réponse* (TF1 – 1981), *L'heure de vérité* (A2 –1982), *Parlons France* (TF1 – 1984), *7/7* (TF1 – 1984), *Questions à domicile* (TF1 – 1985), *Le monde en face* (TF1 – 1987), *L'hebdo du Parlement* (FR3 – 1990), *Les absents ont toujours tort* (La 5 – 1991), *Le débat* (TF1 – 1992), *Face à la une* (TF1 – 1994), *Je suis venu vous dire* (TF1 – 1994), *Dimanche Soir* (F3 – 1994), *L'Hebdo* (Canal + – 1994), *La France en direct* (F2 – 1995), *Invité spécial* (F2 – 1995), *Franchement* (F2 – 1995), *Public* (TF1 – 1997).

L'audiovisuel n'est toujours pas dépassionné et dépolitisé parce que, plus que jamais, en 1998, *« gouverner c'est paraître ».*

De l'iconographie présidentielle

Cinq Présidents.
Cinq portraits officiels.
Cinq conceptions
de la présidence
de la République. Cinq photographies qui traduisent, à leur manière, les rapports du nouveau Président avec son pays, son peuple, et sa fonction.

« *Toute société médiatique est, par la force des choses, morphologique. Ne pas avoir la tête de l'emploi vous condamne aussitôt à l'échec.* »
Jacques Séguéla,
L'Express,
numéro spécial,
janvier 1996.

De Gaulle : le militaire charismatique

Il se tient debout, la main droite posée sur deux gros ouvrages reliés (comme certains présidents de la IIIe République), portant non le collier de la Légion d'honneur mais celui de l'ordre de la Libération avec, en fond de décor, une vaste et haute bibliothèque. Pour la première fois dans l'histoire de la photographie officielle des présidents de la République, De Gaulle, chef d'État, porte l'habit de soirée des généraux. Avec, notamment, les épaulettes bien visibles sur le cliché... Il incarne ainsi la légitimité du 18 juin 1940, renouvelée en 1958. Passionné d'histoire mais également écrivain, il veut se situer dans la tradition iconographique républicaine en symbolisant la France.

Mitterrand : le républicain mystérieux

Debout, sur un fond de bibliothèque, mais en costume civil – sans le frac des présidents des IIIe et IVe Républiques –, François Mitterrand innove en regardant, comme le déclarait Giscard d'Estaing, « *la France au fond des yeux* ». Mais il tient, entre les mains, un livre ouvert : les indiscrétions autorisées identifieront les *Essais* (1580, 1588, 1595) de Montaigne (1533-1592). Il semble avoir repris l'idée au général de Gaulle qui posait son poing sur l'un des deux livres enlevés entre-temps par Georges Pompidou. Le président Mitterrand montre à l'opinion publique qu'il a pris possession des lieux et que la révolution de l'alternance* de 1981 n'empêche pas la présence, au palais de l'Élysée, d'un homme d'action autant que d'un lecteur, épris de lettres et de littérature.

« *L'esthétique dit la vérité de l'être.* »
Renaud Camus,
Éloge moral du paraître,
Sable, 1995.

les cinq temps | pratique politique | séduction et spectacle

PORTRAITS RATÉS

Après le militaire charismatique, le républicain mystérieux conforte par sa nouvelle image, la République de la province et du terroir ainsi que l'Histoire dont il entend devenir l'un des grands acteurs.

Le classicisme pompidolien

Le président Pompidou s'inscrit exactement dans le même cadre formel – costume, fond de bibliothèque, port de décorations –
que le général de Gaulle. Il se pose ainsi en héritier fidèle. L'après-De Gaulle est... entre de bonnes mains !

Giscard d'Estaing et Chirac : côté cour et côté jardin

Par une curieuse concordance des images, « le VGE côté cour » et « le Chirac côté jardin » illustrent la désacralisation du pouvoir, souhaitée par les deux protagonistes. Le « président-citoyen » de 1974 pose dans le blanc Louis-Philippard du drapeau tricolore de l'Orléanisme libéral (*voir* ci-dessus), dédiant déjà à Marianne et Gavroche les grandes lignes de *Démocratie française*. Quant au promoteur d'une « *République modeste* » de 1995, il se tient, tel VGE, en dehors du palais de l'Élysée rendu d'ailleurs flou sur la photo... comme s'il avait du mal à y rentrer, « *épuisé, écartelé par l'effort tous azimuts de sa conquête même* » (Claude Lanzmann, *Les Temps modernes*, 2 juin 1997).

L'Orléanisme libéral
Ce système a fonctionné sous le règne de Louis-Philippe d'Orléans (1830-1848). C'est « *un mode de rapport entre les organes exécutifs et les organes législatifs, tel que le gouvernement est politiquement responsable, d'une part devant le chef de l'État, monarque ou président, d'autre part devant les assemblées parlementaires* » (Pierre Pactet, professeur de droit public).

Deux esthétiques du pouvoir marquent l'iconographie présidentielle sous la Vᵉ République : celle de la sacralisation du pouvoir (De Gaulle, Pompidou, Mitterrand), celle de sa désacralisation (VGE, Chirac).

La caricature sous la Vᵉ République

D'Henri Tisot à Thierry Le Luron, du *Bébête show* aux *Guignols de l'info*, du *Canard enchaîné* à *Charlie-Hebdo*, de Faizant à Plantu, la satire politique a dénoncé ou croqué la monarchie républicaine. Avant de « décoder » le jeu politique…

L'enfant naturel de la monarchie républicaine

Avec l'arrivée au pouvoir du général de Gaulle en 1958 et l'implantation durable d'une « monarchie républicaine élective » au pouvoir fortement personnalisé, la caricature quitta les tribunes du Parlement* – où elle s'était implantée depuis la IIIᵉ République – pour s'intéresser principalement aux locataires de l'Élysée. C'est ainsi que le général de Gaulle fit l'objet de la caricature des dessinateurs de *L'Express* (avec Effel, Tim, et le jeune Siné), de *Rivarol* (avec la violence antigaulliste de Ben) et du *Canard enchaîné*. Celui-ci dénonça, tous les mercredis, le pouvoir personnel du général de Gaulle dans un feuilleton intitulé « La cour », écrit par André Ribaud et illustré par le caricaturiste Moisan. Il se poursuivit sous Georges Pompidou sous le nom de « Régence » puis, sous VGE, avec l'appellation cruelle de « Courette ».

La Muse du Peintre

Au milieu des années soixante, De Gaulle fut aussi pour la première fois imité par un acteur de la Comédie-Française, Henri Tisot. Ce dernier créa ainsi un genre dans lequel s'illustrèrent d'autres imitateurs comme Thierry Le Luron, Patrick Sébastien, Laurent Gera, Virginie Lemoine et Yves Lecoq. Cela avec talent et d'autant plus d'impact que la révolution médiatique en faisait des vedettes.

les cinq temps | pratique politique | séduction et spectacle

De *Hara-Kiri* à Coluche

Dans un autre registre, celui de la dérision et de la provocation, se distingue Coluche. Nu, une plume entre les fesses, l'écharpe tricolore pour tout vêtement, il présente sa candidature à la présidence de la République en 1980 : les sondages lui prêtent 10 % des intentions de vote...

La génération des dessinateurs des années soixante (Siné, Wolinski, Reiser, Willem, Gébé, Cabu) « *s'atta-qua avec provocation aux institutions et à la société gaullienne* » (professeur Delporte). Ils s'exprimèrent notamment dans *Siné-massacre* (le plus souvent interdit), *L'Enragé, Charlie-Hebdo*. Avec, en point d'orgue, Mai 68 et ses journaux,

La Muse du Caricaturiste

ses dessins, ses affiches, fers de lance du mouvement contestataire sur les murs de Paris. En 1971, *Hara-Kiri* est interdit après sa couverture sur la mort du général de Gaulle, « *Bal tragique à Colombey : un mort* ».

L'après-gaullisme – avec Jacques Faizant remplaçant Sénnep au *Figaro* en 1967 – et le mitterrandisme – avec Plantu arrivé au *Monde* en 1985 –, hissent les caricatures au rang d'éditoriaux. Elles sont citées en tant que tels dans les revues de presse quotidiennes des radios et télévisions.

Le rejeton intelligent de la démocratie d'opinion

Avec l'irruption de la télévision dans le paysage quotidien et la présence, sur les « étranges lucarnes », des imitateurs, l'univers politique connaît une véritable révolution. À tel point qu'il accouche de rejetons intelligents et éveillés, de nouvelles marionnettes plus décodeurs du jeu politique que « fous du roi » domestiqués. Dans les années quatre-vingt, avec le *Bébête show* et *Les Guignols de l'info* naissent de nouveaux contre-pouvoirs et des analystes particulièrement redoutables, obligeant la classe politique à un mode de communication différent.

Expression d'une démocratie adulte, la caricature, malgré quelques censures, est devenue un véritable contre-pouvoir républicain. À l'impact d'autant plus fort que sa médiatisation est systématique.

L'omniprésence des sondages

Apparus en politique en 1965, à l'occasion de la première élection du président de la République au suffrage universel direct, les sondages d'opinion envahissent la vie politique française. Au point que certains n'hésitent pas à parler de « sondage universel direct ».

« *La République des sondages* »

La concordance et l'addition d'un certain nombre d'éléments ont conduit à faire de la Vᵉ République « *la République des sondages* », comme si les institutions nées en 1958 et 1962 avaient généré, depuis 1965, une forme de « *sondomanie* » (Jérôme Jaffré, politologue) avec : l'élection du président de la République au suffrage universel direct*, l'absence de procédure de sélection des présidentiables (comme les Primaires à l'américaine), la dissolution de l'Assemblée nationale (*voir* pp. 22-23), la possibilité de recourir à un référendum*, la multiplication des élections (en sus des législatives ont lieu des élections européennes et régionales). Dans tous ces domaines, les sondages sont des instruments d'analyse nécessaires parce qu'ils fournissent en permanence des informations sur l'état de l'opinion publique, sur l'évolution des rapports de force ou encore sur la popularité des présidentiables.

les cinq temps | pratique politique | séduction et spectacle

Les thermomètres de l'action politique

L'utilisation des sondages par chacun des présidents de la République varie selon les différentes phases de son mandat, comme l'a noté Bernard Rideau, conseiller du président Giscard d'Estaing de 1974 à 1981 : « *instruments de conquête pendant la campagne électorale* », ils sont délaissés pendant l'état de grâce, de nouveau utilisés pour chercher un second souffle, puis « *dépassés par les enjeux contradictoires de l'épilogue du septennat* ».

Du suffrage universel direct au sondage universel direct

Certains n'en dénoncent pas moins les défauts et les outrances de ce qu'ils appellent la « sondocratie » : médiatisation systématique de tout sondage, commentaires y afférant, influence trop grande dans les campagnes électorales comme dans la sélection des acteurs politiques (il y a les « petits » et les « grands »), pression continuelle sur les gouvernants, confusion avec l'expression constitutionnelle de la volonté générale – le sondage universel direct remplaçant, selon le professeur Jean-Marie Cotteret, le suffrage universel direct. En réaction à ces critiques croissantes, le Parlement* décide, en 1977, d'interdire la publication des sondages dans les huit jours précédant les élections, d'instituer une commission des sondages chargée de contrôler leur qualité et leur objectivité en matière politique et électorale.

De la volonté du peuple à l'opinion publique

Sans avoir la force du vote, les sondages ont le poids de la médiatisation. Ils sont le jugement quotidien ou hebdomadaire des Français, de l'électorat à l'égard de l'exécutif*, du président, du gouvernement ou de la politique menée même en dehors du calendrier électoral. Ils constituent donc un moyen de pression, peut-être l'un des contre-pouvoirs de la société civile face à la classe politique. Manière de transformer « *une démocratie de pure délégation en démocratie d'échange entre les citoyens et les élus* » (Jérôme Jaffré).

Publication d'enquêtes
Sofres, BVA, Ipsos, Ifop, Louis Harris France,
ces cinq instituts de sondage publient régulièrement des enquêtes d'opinion publique dans la presse française.

« Je suis foncièrement hostile à la pratique des sondages [...] Ils deviennent outils de manipulation et pervertissent la perception des choses et le fonctionnement des règles démocratiques. »
Jack Lang,
Le Quotidien de Paris,
14 mars 1978.

Outil de la connaissance politique plus qu'instrument de manipulation, le sondage d'opinion s'articule parfaitement avec le système de la Ve République depuis la révision de la Constitution en 1962.

Les intellectuels, d'André Malraux à Régis Debray

De la guerre d'Algérie au retour de la philosophie après la chute du mur de Berlin en 1989, la Ve République est passée des « *années Sartre* » aux « années Lévy - Debray - Comte-Sponville ».

1958-1970 : les « *années Sartre* »

Profitant du discrédit d'après-guerre de la droite idéologique, la gauche comme l'extrême gauche intellectuelle s'imposeront largement en France jusqu'à la fin des années soixante-dix. Ces « *années Sartre* » (Michel Winock) verront s'éveiller à la politique plusieurs générations : « *celle qui s'ébroue à l'époque de la guerre d'Algérie, celle dont la conscience de génération s'est forgée dans l'effervescence gauchiste autour de 1968* » (Jean-François Sirinelli), mais aussi la « *génération de* Salut les Copains » (Raoul Girardet).

« La République des pétitions »

Ces douze ans sont marqués notamment par plusieurs mobilisations contre :

– la guerre d'Algérie (« Manifeste des 121 » appelant à l'insoumission) ;

– « le coup d'État du général de Gaulle » malgré la caution d'André Malraux, le « républicain-révolutionnaire » (*voir* encadré) ;

– la guerre du Vietnam (Jean-Paul Sartre, qui a refusé le prix Nobel de littérature en 1964, écrit que les États-Unis sont coupables de « *génocide* ») ;

– puis à nouveau contre le pouvoir gaulliste dans le cadre des événements de mai-juin 1968.

Le dernier acte politique de Sartre sera une visite à l'Élysée, le 26 juin

les cinq temps | pratique politique | séduction et spectacle

1979, avec Raymond Aron pour plaider devant le président Valéry Giscard d'Estaing la cause des *boat people* vietnamiens.

Avec les disparitions successives de Sartre (en 1980), Barthes (1980), Poulantzas (1980), Lacan (1981), Aron (1983), Foucault (1984), et « *le suicide intellectuel* » de Althusser, c'est la fin d'une génération.

1970-1998 : les années Lévy - Debray - Comte-Sponville

Des événements comme des auteurs marquent les rapports des intellectuels avec l'après-gaullisme et le mitterrandisme. Le gauchisme se spécialise en effet dans le consumérisme, l'écologisme, le régionalisme, le féminisme, avec notamment le « Manifeste des 343 » : des femmes revendiquent, en 1971, un avortement illégal pour contraindre le pouvoir à abolir la législation le réprimant. Puis surgissent, en 1977, deux mouvements qui sont autant de vogues : la nouvelle droite (Alain de Benoist et Louis Pauwels) et les nouveaux philosophes (Bernard-Henri Lévy, André Glucksman, Jean-Marie Benoist, Philippe Nemo).

La philosophie et l'histoire dans la vidéosphère

Par la suite, le paysage intellectuel se peuple, à nouveau, avec la relance des postulats libéraux (de Charles de Tocqueville à Raymond Aron ; de Jean-François Revel à Guy Sorman), avec l'invention de la médiologie (ou science des médias par Régis Debray), la réhabilitation de l'histoire (François Furet, Georges Duby, Maurice Agulhon, René Remond) et de la philosophie politique (Simone Goyard-Fabre, Luc Ferry, Alain Renaut, Blandine Baret-Kriegel), le retour des démographes (Hervé Le Bras, Emmanuel Todd) concordant avec les interrogations sur l'art et la culture (Alain Finkielkraut, Francis Marmande, Philippe Dagen, Renaud Camus, Marc Fumaroli), ainsi que sur l'irruption de « l'individualisme démocratique » (Olivier Mongin) et de ses cafés philosophiques (succès médiatiques d'André Comte-Sponville).

Des « intellectuels de gauche » à la fin des idéologies, des antagonismes violents à « la République du Centre », les intellectuels français sont passés de la gloire à la crise.

Les femmes politiques

Dans une Ve République qualifiée de « République unisexe » ou de « République des mâles », les femmes politiques n'ont souvent dû leur existence ministérielle ou parlementaire qu'à la volonté présidentielle et à certains hommes de parti.

La femme politique est souvent soupçonnée *« de devoir à l'intrigue ou à la complaisance sexuelle, génératrice de protection masculine, des avantages, si évidemment indus, qu'ils paraissent inévitablement mal acquis. »* Pierre Bourdieu, 1990.

De Charles de Gaulle à Georges Pompidou : « la République des mâles »

De 1958 à 1974, le pourcentage de femmes élues à l'Assemblée nationale comme au Sénat est inférieur à 2 %, le nombre total de femmes députés est inférieur à cinquante.

De 1958 à 1969, seules deux femmes participent au gouvernement... comme secrétaires d'État (SE) : Nafissa Sid Kara, députée d'Alger, chargée des questions sociales en Algérie, puis, en 1967, Marie-Madeleine Dienesch, SE à l'Éducation nationale puis aux Affaires sociales.

En 1969, « *la nouvelle société* », voulue par Jacques Chaban-Delmas, alors Premier ministre, oublie les femmes. Le gouvernement Messmer (1973-1974) voit deux femmes y participer : Suzanne Ploux, SE à l'Éducation nationale, et Marie-Madeleine Dienesch, SE à la Santé publique et à la Sécurité sociale.

1974-1981 : la féminisation giscardienne de la République

Valéry Giscard d'Estaing est le premier président de la Ve République à affirmer publiquement sa volonté d'améliorer « la condition féminine » mais aussi de féminiser les institutions politiques. Les actes, les mesures et les nominations sont à l'aune du discours : six femmes nommées dans le premier gouvernement Chirac (1974-1976). Parmi elles, Françoise Giroud, Monique Pelletier et, surtout, Simone Veil, ministre de la Santé. Son aura politique ne cessera de s'amplifier, de son combat pour la légalisation de l'intervention volontaire de grossesse (IVG) à son

LE PRÉSIDENT DE LA RÉPUBLIQUE A NOMMÉ ÉDITH CRESSON PREMIER MINISTRE...

MON DIEU... MAIS... C'EST UNE FEMME !!!!

les cinq temps | pratique politique | séduction et spectacle

accession, en 1979, à la présidence du Parlement européen. Pendant ce septennat, vingt et un portefeuilles ministériels sont attribués à des femmes. À noter aussi, dans ces « années MLF », la progression des femmes élues à l'Assemblée nationale, en particulier sous l'impulsion du parti communiste : douze femmes sont élues députés en 1978.

1981-1995 : « la République des... femmes »

Elle se caractérise par une montée en puissance des femmes : création d'un ministère des Droits de la femme, ministères pleins donnés aux femmes (parmi lesquelles Martine Aubry, Edwige Avice, Frédérique Bredin, Élisabeth Guigou, Catherine Tasca, Véronique Neiertz), féminisation des cabinets ministériels. En 1991, Édith Cresson est la première femme nommée Premier ministre de la Ve République ; en 1992, Noëlle Lenoir est la première femme nommée membre du Conseil constitutionnel* par le président de l'Assemblée nationale (à l'époque Henri Emmanuelli).

> « *De Gaulle ne ressent guère l'urgence de féminiser le pouvoir ; il considère les femmes d'abord comme des épouses et des mères, non comme des ministrables.* »
> Mariette Sineau, chercheur au CNRS, revue *Pouvoirs*, n° 82, 1997.

De Chirac - Juppé à Jospin : une valse à trois temps

Le premier gouvernement Juppé (mars-novembre 1995) revêt un caractère exceptionnellement féminin avec douze femmes : « *l'équipe ministérielle la plus féminine de la Ve République* » titre *Le Monde* du 20 mai 1995. Mais on assiste, dans le second gouvernement (novembre 1995-juin 1997), à un limogeage massif ne laissant six mois plus tard que quatre femmes en piste. Avec les élections législatives anticipées de mai-juin 1997, pour la première fois dans l'histoire de la Ve République, le seuil critique des 10 % de femmes élues à l'Assemblée nationale est dépassé : elles détiennent 63 sièges (42 PS, 5 PC, 3 Verts, 12 UDF-RPR). Le gouvernement Jospin compte d'ailleurs 30 % de femmes : cinq ministres de plein exercice, une ministre déléguée et deux secrétaires d'État. C'est un tournant dans l'histoire des femmes en politique.

> Après quarante ans de Ve République, la femme n'est pas encore... l'avenir de l'homme politique. Mais, en 1998, « la République des mâles » semble avoir vécu.

Les premières dames de France

Traditionnellement appelée « la première dame de France », la femme du président de la République n'a aucune existence constitutionnelle. Elle n'en joue pas moins un rôle public en ces temps de personnalisation du pouvoir.

L'affaire Markovic
Ce fait divers crapuleux, survenu en 1968, porte le nom de sa victime, Markovic.
Il est transformé en opération de basse politique destinée à tenter de déstabiliser Georges Pompidou, tombé en disgrâce après son départ de l'Hôtel Matignon.

L'épouse du président : « Tante Yvonne » et Mme Pompidou

Rendue populaire par ce sobriquet, dû à ses petits chapeaux, Mme de Gaulle fut extrêmement discrète, loin des médias. Selon André Malraux, elle « *eut une importance considérable, non par ce qu'elle disait ou faisait, mais par ce qu'elle ne faisait, ni ne disait, par sa présence silencieuse* ». Comparant l'Élysée à son énième « meublé de garnison », elle avait regretté que son époux entamât un second septennat. « *Il était un géant, elle, une modeste... Elle incarnait une France qui s'éloigne* » (Philippe Labro, *Paris-Match*, 23 novembre 1979). Très ouverte sur le monde artistique et, en particulier, sur l'art moderne, qu'elle contribua à faire rentrer à l'Élysée, Claude Pompidou, « l'élégante », vient de publier ses souvenirs en 1997, sous le titre *L'Élan du cœur*. Elle fut frappée de plein fouet par l'affaire Markovic en 1968 (*voir* ci-dessus), puis par la maladie de son époux, transformant, selon elle, l'Élysée en « *maison du malheur* ».

« Oui le protocole devrait me prendre plus en compte, pour que François, dans ses voyages, ne se retourne pas à tout bout de champ, en demandant "où est passé ma femme ?". Pour le protocole, la femme du Président n'existe pas. »
Interview de Danielle Mitterrand, *L'Express*, 3 novembre 1989.

Madame la présidente : Anne-Aymone Giscard d'Estaing

Avec Mme Giscard d'Estaing (et sa fille aînée), c'est un nouveau rôle, plus politique, que vont jouer, de 1974 à nos jours, les épouses (et enfants) des présidents de la République. Toujours à la tête de fondations, comme leurs prédécesseurs, Mmes VGE, Mitterrand

les cinq temps | pratique politique | séduction et spectacle

et Chirac passeront de la représentation à une certaine forme d'action politique.

Mme VGE, après s'être impliquée dans la campagne présidentielle, joua un rôle dans le septennat de son époux par sa présence à la 'télévision – en étant par exemple à ses côtés lors de la cérémonie des vœux –, par la médiatisation de son rôle social et son intervention directe dans le jeu politique. Elle déclare notamment au journal espagnol *Hola*, le 12 décembre 1980 : « *S'il apparaissait nécessaire aux intérêts de la France que mon époux se présente de nouveau aux élections présidentielles, je pense qu'il le ferait.* »

La militante engagée Danielle Mitterrand

Déterminante dans l'orientation politique de son époux, « *d'une spontanéité iconoclaste et d'une sincérité ostensible* » (*L'Express*, 3 novembre 1989), Danielle Mitterrand a été, pendant deux septennats, une militante engagée. Avec sa fondation « France Libertés », elle est présente sur le front des droits de l'homme et du tiers-monde. Refusant d'être, selon ses propres termes, « *le paquet du président* » – « *je suis plus à gauche que lui* » rappelle-t-elle –, elle est la première à bousculer les usages diplomatiques, en médiatisant son combat comme ses interventions.

TU FAIS LA VAISSELLE JE PASSE LA SERPILLIÈRE!

La première « première dame » conseiller général : Bernadette Chirac

Bernadette Chirac considère être « *à mi-chemin entre Mme de Gaulle et Hillary Clinton* ». Elle est la première « présidente » à être conseiller général et conseiller municipal en Corrèze. Elle apporte à Jacques Chirac une vision traditionaliste du pouvoir. Femme politique, à sa manière, elle est durement châtiée par *Les Guignols de l'info*, avec son éternel sac à main…

« *J'ai assisté à 3 589 déjeuners, dîners et banquets, 35 cérémonies du 14 Juillet, 35 commémorations du 11 Novembre… coupé assez de rubans pour en soutenir l'industrie, effectué depuis cinq ans 27 voyages officiels [...] L'avion me tue, les fleurs m'enrhument, les discours m'endorment.* » Françoise Giroud, *Le Bon Plaisir*, éditions Mazarine, 1983.

De la figuration protocolaire à l'implication politique, de l'inexistence constitutionnelle à l'existence médiatique, « les présidentes » ont joué, ces vingt dernières années, un rôle de plus en plus influent dans le jeu politique.

Le déclin du Parlement

De plus en plus supplanté par les médias – nouveaux lieux du débat politique –, le Parlement est concurrencé par le Conseil d'État, le Conseil constitutionnel et par l'Europe (Parlement de Strasbourg et Commission de Bruxelles). Il connaît un déclin, sensiblement enrayé depuis 1995.

« Le Parlement s'est trouvé d'une certaine façon en porte-à-faux : d'un côté, montée en puissance des médias de communication, de l'autre, affaiblissement des médias de représentation – Parlement, partis, syndicats. »
Laurent Fabius,
Libération,
5 octobre 1988.

« Pour De Gaulle, l'univers politique se compose de deux mondes : il y a le peuple, et il y a l'État ; le Parlement est du domaine du peuple, c'est le lieu des partis et des discours, de la contestation et de l'irresponsabilité. »
Bernard Chantebout,
La Constitution française, **1992.**

Un affaiblissement continu

Lieu symbolique où s'incarne la démocratie, le Parlement* a connu une dévalorisation constante due à un certain nombre de causes :
– le présidentialisme majoritaire avec ses « députés-godillot » et son Parlement domestiqué ;
– la personnalisation du pouvoir ;
– la concurrence du Conseil d'État* (dans la fabrication de la loi), du Conseil constitutionnel* (dans son contrôle), des normes communautaires (selon Jacques Delors, « *80 % des législations nationales, en matière économique, fiscale et sociale, seront, dans dix ans, d'origine communautaire* »), de la haute administration (l'accession au pouvoir passant dorénavant par l'Éna plutôt que par l'Assemblée nationale), des collectivités décentralisées (conduisant selon l'ancien président de la Commission des lois, Pierre Mazeaud, à un affaiblissement de l'État), des médias et, bien sûr, de toutes ces commissions *ad hoc*. Composées de spécialistes, elles sont chargées – à la place du parlementaire – de rédiger des rapports sur le code de nationalité, la Sécurité sociale, l'université (1987), l'audiovisuel (1988) ou l'immigration (1997).

De l'opposition sénatoriale à l'antiparlementarisme

Néanmoins, le Sénat, contrairement à l'Assemblée nationale, a longtemps été un véritable contre-pouvoir. Il a contribué au départ du général de Gaulle en 1969 (*voir* pp. 10-11) et fait échouer, par son pouvoir de blocage, les deux révisions constitutionnelles

les cinq temps | pratique politique | séduction et spectacle

proposées par le président Mitterrand en 1984 et 1989. Le Parlement n'apparaît plus clairement comme le « *destin de la démocratie* » (expression du professeur Philippe Lauvaux). De plus, il doit faire face à un antiparlementarisme parfois vif, dû davantage aux comportements de certains parlementaires et à l'esprit politicien qu'à son rôle institutionnel et contrôleur de l'exécutif*.

Une renaissance... sans lendemain ?

Mais, depuis les années quatre-vingt-dix, il n'en connaît pas moins un regain caractérisé par la personnalisation et l'importance croissante de ses présidents successifs : Laurent Fabius, Philippe Séguin, René Monory.

Autre point positif, une modernisation se traduisant par un certain nombre de réformes, dont :

– la création de la séance de questions hebdomadaires du mercredi à l'Assemblée, et de la séance mensuelle du jeudi au Sénat ;

– la mise en place de l'office parlementaire d'évaluation des choix scientifiques et technologiques ;

– mais surtout la révision constitutionnelle du 4 août 1995, instituant notamment une session parlementaire unique de neuf mois et un nouveau régime de l'inviolabilité parlementaire (*voir* encadré). Une façon, pour le président Chirac, de « *rétablir les équilibres entre l'institution présidentielle, le gouvernement et le Parlement* » (discours d'Épinal, 31 mars 1995).

Enfin, la prochaine loi sur la suppression du cumul des mandats, proposée par le gouvernement Jospin, permettra peut-être de redorer le blason du Parlement et de l'ensemble de ses membres.

> **Inviolabilité parlementaire**
> La protection de la personne du parlementaire est prévue par l'article 26 de la Constitution, afin d'éviter toute entrave à l'exercice de son mandat. Il dispose ainsi d'une « immunité », notamment pendant la durée des sessions, pendant lesquelles il ne peut faire l'objet de poursuites, ni d'arrestations (sauf flagrant délit).

> Après plus de trente ans de déclin, la France semble renouer avec la République parlementaire : la révision constitutionnelle de 1995 et la troisième cohabitation* y contribuent largement.

galerie de portraits | défis et questions | approfondir

La Ve République et l'Europe

Oscillant entre les stratégies de l'intégration et de la coopération, la France a largement contribué à la construction européenne. Les conséquences, au niveau national, sur les systèmes politique, constitutionnel et administratif sont désormais notables.

De la coopération gaulliste...

Après l'échec du plan Fouchet* en 1961 et de ses propositions de « commissions intergouvernementales », le général de Gaulle, privilégiant avec le chancelier Adenauer la coopération franco-allemande, ne cesse de réaffirmer son opposition à une Europe supranationale. Et, sans vouloir renégocier le traité de Rome de 1957, il provoque, en 1965, la crise de « la chaise vide » à propos du règlement financier de la Politique agricole commune (PAC). En 1966, par le compromis de Luxembourg, il fait admettre le maintien du vote à l'unanimité au sein du Conseil des ministres de la Communauté.

À la conférence de La Haye en décembre 1969, avec Georges Pompidou, sont décidés l'achèvement du marché commun agricole pour le 1er janvier 1970, l'amorce d'une politique économique et monétaire, l'ouverture d'une négociation en vue de l'entrée de la Grande-Bretagne dans la Communauté économique européenne (CEE). Sous le quinquennat de Pompidou est également adopté, le 23 avril 1972, le référendum élargissant la Communauté européenne des six au Danemark, à l'Irlande et au Royaume-Uni.

... à l'intégration giscardienne

Valéry Giscard d'Estaing fait faire un pas décisif à la construction européenne : naissance du Conseil européen en décembre

LA CHANSON DES CRITÈRES DE CONVERGENCE

J'AI DEUX AMOURS MON PAYS ET MAASTRICHT...

les cinq temps | pratique politique | séduction et spectacle

1974 et du système monétaire européen (SME) en 1979, pouvoirs budgétaires accrus du Parlement européen de Strasbourg, désormais élu au suffrage universel direct*.

Puis, François Mitterrand œuvre à la poursuite de cette politique européenne, marquée par un certain nombre de moments forts : nomination en 1984 de Jacques Delors comme président de la Commission des communautés européennes, adoption par le Parlement européen d'un projet de Traité-Constitution pour l'Europe (14 février 1984), signature de l'Acte unique européen (février 1986), référendum approuvant le traité de Maastricht à une faible majorité (20 septembre 1992).

L'impact au niveau national du traité de Maastricht

Il est triple.

– Il est d'abord constitutionnel : à la suite de la signature du traité de Maastricht, dont certaines dispositions n'étaient pas conformes à notre Constitution*, celle-ci dut être révisée en juin 1992 (*voir* encadré). Elle donna naissance au titre XV – « des Communautés européennes et de l'Union européenne » – avec son article 88.

– Il est ensuite politique : l'opinion publique est toujours attachée à l'État-Nation ; le Parlement* doit conformer sa législation à celle de l'Europe ; le gouvernement est confronté à l'émergence d'un pouvoir politique européen ; les partis politiques sont caractérisés par un nouveau clivage pro- ou anti-européen.

– Il est enfin administratif : au moment où chaque ministère se dote d'une « cellule européenne », deux administrations jouent un rôle essentiel. L'une à Paris, le Secrétariat général du comité interministériel pour la coopération économique et européenne (SGCI), coordonnant les administrations françaises dans leurs rapports avec la Communauté européenne ; l'autre à Bruxelles, la Délégation de la République française auprès des communautés européennes, accueillant les dossiers du SGCI.

Traité d'Amsterdam et révision de la Constitution
Signé le 2 octobre 1997 par Jacques Chirac et Lionel Jospin, ce traité succède à celui de Maastricht (1992).
Il contient des dispositions jugées contraires à la Constitution dans les domaines de l'immigration, la politique de l'asile, le franchissement des frontières. Seule une révision de notre Constitution pourra permettre à ce nouveau traité d'entrer dans l'ordre juridique français (*voir* pp. 24-25)

Du traité de Rome à celui de Maastricht, du maintien de la souveraineté nationale à son éventuel abandon, la Ve République voit l'Europe transformer de plus en plus sa vie économique, politique, constitutionnelle.

Morale et politique

Comme les Républiques précédentes, la Ve a éprouvé des difficultés à conjuguer morale et politique : de l'état de santé du Président – caché au pays – à la corruption, des affaires d'État aux scandales, chaque septennat a connu ses zones d'ombre.

L'argent selon François Mitterrand
« L'argent qui corrompt, l'argent qui achète, l'argent qui écrase, l'argent qui tue, l'argent qui ruine, l'argent qui pourrit jusqu'à la conscience des hommes. »
extrait de *Politique*, **1977.**

La santé des Présidents

Il fallut attendre le début des septennats mitterrandiens pour que la Ve République connaisse, pour la première fois, la publication régulière de bulletins de santé concernant le chef de l'État. Auparavant, de telles communications n'étaient transmises qu'en cas de vacance temporaire du pouvoir due à une opération (prostate du général de Gaulle en 1962) ou d'absences répétées dues à une maladie (Georges Pompidou). Malheureusement, le président Mitterrand pratiqua, pendant quatorze ans, « le mensonge d'État » : son cancer de la prostate, détecté en 1981, n'a été officiellement révélé qu'en 1995. Afin d'éviter ce hiatus entre morale et politique, son successeur, Jacques Chirac, opta de nouveau pour la politique gaullienne du secret médical.

L'argent et la politique

À la fameuse phrase du général de Gaulle « *La politique de la France ne se fait pas à la corbeille de la Bourse* », devait correspondre un affermissement de l'autonomie de l'État par rapport au monde de la finance. Mais, dans les années soixante-dix, Pompidou

ILS ONT TOUJOURS PORTÉ UNE OREILLE ATTENTIVE À LEURS CONCITOYENS!

les cinq temps | pratique politique | séduction et spectacle

ne peut éviter la collu-
sion entre argent et politique. Il se traduit par
la naissance du « gaullisme
immobilier » (scandale
de La Villette, affaire
de la Garantie foncière,
affaire Aranda). François
Mitterrand dénonce
la mainmise de l'argent,
mais ses septennats s'inscri-
vent dans la décennie de « *l'argent
fou* » (Alain Minc, économiste) : scandale de la Société
générale, affaires Péchiney, Luchaire, Carrefour
du développement, Urba, sans oublier le cas Bernard
Tapie. La législation sur le financement public
des partis politiques (lois de 1988, 1990, 1993, 1995)
n'occultera pas cette impression de « *corruption
de la République* » (Yves Mény, professeur de droit),
ni ses nouveaux développements dès le début
du septennat Chirac (HLM de la ville de Paris, affaires
Tiberi, Cassetta...).

« *La démocratie
s'arrête
là où commence
la raison d'État.* »
Charles Pasqua.

Scandales et affaires d'État

« *Les scandales sont à la politique ce que les maladies
sont à l'organisme : inévitables* » écrivait dans
L'Événement du jeudi, en février 1992, Jacques Derogy,
l'un des pionniers du journalisme d'investigation.
Chaque Président a eu les siens : l'affaire Ben Barka
pour le général de Gaulle ; Markovic et Touvier
pour Georges Pompidou ; de Broglie, Boulin,
Fontanet et les « diamants de Bokassa » pour
Valéry Giscard d'Estaing ; le Rainbow Warrior,
les Irlandais de Vincennes, les écoutes téléphoniques,
le scandale du sang contaminé, l'affaire Boucheron,
les « *morts brutales et parfois suspectes* » (Jean-Marie
Colombani) telles que celle de Roger Patrice Pelat,
les suicides de Pierre Bérégovoy et de François
de Grossouvre pour François Mitterrand ; enfin,
l'affaire du logement d'Alain Juppé au début
du septennat Chirac.

Aucun septennat
n'a échappé
à l'ombre
des scandales
ou des affaires.
Ils ont conduit
à une nouvelle
législation
et à l'irruption
du juge dans
la vie politique.

galerie
de portraits   défis
et questions   approfondir   **De la Vᵉ à la VIᵉ République ?** 51

Vers la démocratie constitutionnelle

Le Conseil constitutionnel a été créé en 1958 pour surveiller le Parlement et être « le chien de garde » de l'exécutif*. Peu à peu, il est devenu le défenseur de la compétence du législateur et des principes fondamentaux de la Constitution. Il joue également un rôle important de contrôle en matière électorale.

La métamorphose réussie du Conseil constitutionnel (CC)

Le CC est conçu, selon Michel Debré, comme « *une arme contre la déviation du régime parlementaire* », pour mettre fin à l'arbitraire et à l'hégémonie du Parlement*. Puis il se transforme en gardien de la Constitution*, des droits et libertés des citoyens après une évolution marquée par deux grandes étapes : la « révolution jurisprudentielle » du 16 juillet 1971 et la « révolution institutionnelle » du 21 octobre 1974.
– La décision du 16 juillet 1971 constitue une véritable révolution juridique. Elle invente en effet la notion de « bloc de constitutionnalité » (*voir* encadré) : un socle de références (Préambule de la Constitution de 1958 et, par là même, Déclaration des droits de l'homme et du citoyen de 1789, Préambule de la Constitution de 1946), auquel, avec la Constitution, toute loi devra se trouver conforme. Ce bloc permet au juge constitutionnel de sanctionner le choix du législateur, en stoppant

les cinq temps | pratique politique | séduction et spectacle

éventuellement la politique gouvernementale, surtout en période de cohabitation* ou d'alternance*.

– La révision du 21 octobre 1974, voulue par le président Valéry Giscard d'Estaing, étend le droit de saisir le CC à soixante députés ou soixante sénateurs (*voir* pp. 4-5). Contrairement à une vieille pratique, la minorité politique peut désormais avoir juridiquement raison.

« Un gouvernement des juges » ?

Le Conseil constitutionnel est l'acteur fondamental du processus législatif et le contrôleur du jeu démocratique. C'est pourquoi il connaît une contestation *quasi* systématique de la part de la classe politique, mécontente de voir « la politique saisie par le droit » et l'instauration d'un « gouvernement des juges ». Certaines critiques sont virulentes : on reproche au CC son défaut de légitimité démocratique, son interprétation excessive de la Constitution et notamment ses décisions reposant sur des fondements « *plus philosophiques et politiques que juridiques* » (Édouard Balladur, novembre 1993).

La naissance difficile de la démocratie constitutionnelle

En juin 1990, le Sénat rejette le projet de révision permettant l'élargissement aux citoyens du droit de contester la constitutionnalité des lois. En novembre 1993, une révision de la Constitution est adoptée pour contourner une décision du CC.

Malgré cela, la démocratie constitutionnelle se met peu à peu en place dans notre pays, grâce à la coexistence de « la démocratie par la loi » – celle du pouvoir législatif – et de « la démocratie par la Constitution » – celle du juge constitutionnel. Désormais, la volonté générale est une volonté générale contrôlée : « *la loi est l'expression de la volonté générale dans le respect de la Constitution* » (décision du CC de 1985). Néanmoins, l'incontestable juridicisation* de la politique se heurtera toujours à « *l'insoutenable autonomie du Politique* ».

« *Le droit peut [...] structurer la vie politique. Il ne la détermine pas. Il crée des contraintes mais n'en fixe pas les effets. Ainsi, s'observe, par rapport au droit... l'insoutenable autonomie du Politique.* » Georges Vedel, ancien doyen de la faculté de droit de Paris, revue *Pouvoirs*, 1989.

Le Conseil constitutionnel a été profondément marqué par les apports respectifs de son président Robert Badinter et du doyen Georges Vedel. D'arbitre des conflits des compétences entre les divers organes de l'État, il est devenu l'un des principaux acteurs d'une force démocratique nouvelle, la démocratie constitutionnelle.

Vers la VIᵉ République

Un certain nombre d'hommes politiques
comme de constitutionnalistes n'hésitent
pas à parler de VIᵉ République.
Elle doit être parlementariste pour les uns,
présidentialiste pour les autres.
Un seul point commun :
passer du septennat au quinquennat.

Vers une nouvelle grammaire du « Politique »

Lors des élections législatives de mai-juin 1997,
les Français ont lancé à leurs gouvernants quelques
messages politiques qui pourraient trouver leur traduction
dans l'élaboration d'une nouvelle Constitution*,
la VIᵉ République. En votant pour la troisième cohabitation* de son histoire en dix ans, l'électorat a peut-être
montré son attachement à une forme de monarchie
constitutionnelle républicaine. Elle ferait, du président
de la République, un président « à la Prévost-
Paradol » (1829-1870, journaliste et homme politique,
auteur en 1868 de *La France nouvelle*) « *placé au-dessus
des partis, n'ayant rien à espérer ni à craindre de leurs
rivalités et de leurs vicissitudes, son intérêt unique
comme son premier devoir étant d'observer avec vigilance
le jeu de la machine politique, afin d'y prévenir tout
grave désordre* ». Loin des conséquences ultra-prési-
dentialistes de la monarchie républicaine élective,
instituée par le général de Gaulle en 1962 (*voir* pp. 10-11),
loin également d'un système unique d'irresponsabilité politique au plus haut niveau de l'État.

Quelle philosophie pour la VIᵉ République ?

Les Français semblent partisans d'un consensus fondé
sur une majorité d'idées, désireux de renouer avec
une tradition républicaine faite d'éthique et de morale.
Ils refusent désormais les agressions systématiques
bloc contre bloc. Ils ont montré la voie à leurs
gouvernants, en s'inscrivant, d'ores et déjà, dans

« *La Vᵉ République
a vécu. Lionel
Jospin devrait,
dans un laps
de temps pas très
éloigné, devenir
le président d'une
nouvelle République
qu'on appellera
peut-être la VIᵉ.* »
**Claude Lanzmann,
Les Temps
modernes,
juin-juillet 1997.**

les cinq temps | pratique politique | séduction et spectacle

APRÈS LA RÉDUCTION DE LA DURÉE DU TEMPS DE TRAVAIL, RÉDUISONS LA DURÉE DU TEMPS PRÉSIDENTIEL !

l'esprit d'une VIe République.

Celle-ci préférerait la démocratie constitutionnelle (*voir* pp. 52-53) à la démocratie plébiscitaire (*voir* plébiscite*), le contrôle du gouvernant et l'institution de contre-pouvoirs aux délices médiatiques du sondage universel direct (*voir* pp. 38-39).

c.

Une revendication éthique

Les Français ont voulu, le 1er juin 1997, inscrire une nouvelle philosophie du politique qui tourne, d'une manière plus franche qu'en 1986 et 1988, les pages de notre Ve République. Les élus, nos gouvernants (président de la République comme Premier ministre), ont pris conscience de la revendication éthique de la population : dorénavant, leur démarche semble tant philosophique que programmatique. L'exigence démocratique moderne consiste, en effet, à confronter systématiquement les actes du pouvoir aux valeurs auxquelles la société s'identifie ; à donner aux juges – Conseil constitutionnel*, Conseil d'État*, Cour de cassation* – tous les moyens de dire et de vérifier si l'action du pouvoir est conforme aux principes fondamentaux constitutifs de la société.

C'est dans l'invention d'un équilibre bien compris que doivent s'inscrire les termes d'un nouveau contrat social : ils doivent permettre une recomposition institutionnelle indispensable, pour répondre aux problèmes majeurs que posent le chômage, mais aussi la déstabilisation née des morts successives de Dieu, des idéologies, de l'Histoire et, maintenant, du deuxième millénaire.

Malgré sa souplesse et sa capacité d'adaptation, la Ve République se trouve à un tournant de son histoire : la troisième cohabitation et la progression de l'idée de quinquennat pourraient conduire à une VIe République.

Le président de la République... par lui-même

Jusqu'à présent, la Ve République a connu cinq chefs d'État. Chacun d'entre eux a défini le rôle qu'il entendait jouer. Ces quelques extraits illustrent la conception qu'ils se sont faite du rôle du président de la République.

Charles de Gaulle

« *C'est du chef de l'État, placé au-dessus des partis [...] que doit procéder le pouvoir exécutif* [...]. Au chef de l'État, la charge d'accorder l'intérêt général quant au choix des hommes avec l'orientation qui se dégage du Parlement.* »
Discours de Bayeux, 16 juin 1946.

« *Le président de la République est essentiellement un arbitre qui a pour mission d'assurer, quoi qu'il arrive, le fonctionnement des pouvoirs publics.* »
Travaux du Comité consultatif constitutionnel, 8 août 1958.

« *La clé de voûte de notre régime, c'est l'institution, nouvelle d'un président de la République désigné par la raison et le sentiment des Français pour être le chef de l'État et le guide de la France.* »
Allocution du 20 septembre 1962.

« *Garant du destin de la France et de celui de la République, chargé par conséquent de graves devoirs et disposant de droits étendus [...] on ne saurait accepter qu'une dyarchie existât au sommet.* »
Conférence de presse du 31 janvier 1964.

Georges Pompidou

« *Le président de la République est à la fois chef suprême de l'exécutif, gardien et garant de la Constitution* [...] à la fois arbitre et premier responsable national.* »
Conférence de presse du 10 juillet 1969.

« *Le président de la République tient compte de la composition de l'Assemblée mais n'en est pas l'esclave.* »
Conférence de presse du 23 septembre 1972.

Présider
Entre la lecture de la Constitution et sa pratique, entre la lettre d'un article et son esprit, il y a toujours le poids d'un caractère, d'une volonté et d'une image. Présider est un verbe... aux multiples sens !

les cinq temps | pratique politique | séduction et spectacle

Valéry Giscard d'Estaing

« *La fonction et ma fonction est d'être le président de tous les Français.* »
Réunion de presse du 22 avril 1976.

« *Le président de la République n'est pas un partisan, il n'est pas un chef de parti. Mais il ne peut pas rester non plus indifférent au sort de la France. [...] Sa circonscription, c'est la France. Son rôle, c'est la défense des intérêts supérieurs de la Nation.* »
Discours de Verdun-sur-le-Doubs, 27 janvier 1978.

François Mitterrand

« *La République n'a jamais reconnu l'autorité d'un homme, ni l'autorité d'un seul pouvoir.* »
Débat à l'Assemblée nationale du 24 avril 1964.

« *Le président de la République a beaucoup de pouvoirs, il n'a pas tous les pouvoirs... Mais il a de grands pouvoirs...* »
Entretien télévisé du 9 décembre 1981.

« *Je suppose que vous ne voulez pas d'un président ectoplasme. Eh bien, moi non plus. [...] La France a besoin d'un président qui préside dans tous les domaines qui sont les siens.* »
Entretien sur TF1, 17 septembre 1987.

Jacques Chirac

« *Il y a une dérive monarchique de notre République. [...] Le chef de l'État conçoit et aiguille, tandis que le gouvernement détermine et conduit. [...] Le président n'est pas le chef d'une majorité, il est président de tous les Français.* »
Interview au *Point*, 3 décembre 1994.

« *Le président de la République incarne la continuité du Pays, le gouvernement conduit la politique de la Nation, le Parlement*, expression politique du suffrage universel*, légifère, contrôle et débat des grandes orientations de la Nation.* »
Message au Parlement, 19 mai 1995.

Le pivot
C'est autour du président de la République que s'ordonnent, depuis 1958 et plus encore depuis 1962, la vie politique, l'action des partis, le destin des présidentiables et la contestation citoyenne.

Chronologie politique et institutionnelle

1958

15 mai : De Gaulle : « *Je me tiens prêt à assumer les pouvoirs de la République.* »

1er juin : De Gaulle, dernier président du Conseil de la IVe République.

4 septembre : De Gaulle et Malraux présentent la nouvelle Constitution* de la Ve République.

28 septembre : référendum* : 79,25 % de oui pour la Constitution.

21 décembre : De Gaulle élu président de la République.

1959

1er janvier : la France entre dans la Communauté économique européenne (CEE).

8 janvier : René Coty transmet le pouvoir au général de Gaulle.

1960

24 janvier-1er février : semaine des barricades à Alger.

4 novembre : De Gaulle évoque la « République algérienne ».

1961

8 janvier : référendum : 75 % de oui pour le principe de l'autodétermination algérienne.

22-25 avril : putsch des généraux à Alger.

1962

18 janvier : Valéry Giscard d'Estaing ministre des Finances.

8 février : manifestation contre l'Organisation de l'armée secrète (OAS) à Paris. Huit morts au métro Charonne.

8 avril : référendum : 90 % de oui pour les accords d'Évian, mettant fin à la guerre d'Algérie.

14 avril : Georges Pompidou Premier ministre.

15 mai : De Gaulle rejette l'intégration européenne. Démission des ministres MRP (Mouvement républicain populaire).

22 août : De Gaulle échappe à l'attentat du Petit-Clamart.

10 octobre : De Gaulle dissout l'Assemblée.

28 octobre : référendum : 61,75 % de oui pour l'élection du président de la République au suffrage universel direct*.

1963

14 janvier : De Gaulle met son veto à l'entrée de la Grande-Bretagne dans la CEE.

1964

7 juin : constitution de la Convention des institutions républicaines présidée par François Mitterrand.

1965

9 septembre : candidature de François Mitterrand à la présidence de la République.

29 octobre : affaire Ben Barka (enlèvement en France puis disparition du leader marocain de l'opposition).

19 décembre : réélection du général de Gaulle à la présidence de la République avec 54,5 % des voix.

1966

7 mars : la France quitte le commandement intégré de l'Otan (Organisation du traité de l'Atlantique Nord).

1er septembre : discours de De Gaulle à Phnom Penh (Cambodge).

1967

10 janvier : le « *oui, mais...* » de Valéry Giscard d'Estaing à la politique conduite par le général de Gaulle.

26 juillet : De Gaulle à Montréal : « *Vive le Québec libre !* »

17 août : VGE dénonce « *l'exercice solitaire du pouvoir* ».

1968

22 mars : la salle du Conseil de la faculté des lettres de Nanterre est occupée par les étudiants d'extrême gauche, sous l'impulsion de Daniel Cohn-Bendit.

3 mai : bagarres au Quartier latin.

10-11 mai : nuit des barricades.

22 mai : la grève générale paralyse la France.

27 mai : accords de Grenelle (accords sociaux).

30 mai : allocution du général de Gaulle, qui dissout l'Assemblée. Défilé des gaullistes sur les Champs-Élysées.

1969

22 janvier : De Gaulle annonce son intention d'aller jusqu'au bout de son mandat.

27 avril : référendum sur la création des régions et une réforme du Sénat. Le « non » l'emporte (52,4 %).

28 avril : démission du général de Gaulle. Alain Poher, alors président du Sénat, assure l'intérim.

les cinq temps | pratique politique | séduction et spectacle

15 juin : Georges Pompidou élu président de la République par 57,58 % des voix (contre Alain Poher).

16 septembre : discours de Jacques Chaban-Delmas sur « la nouvelle société » (*voir* pp. 12-13).

1970
9 novembre : mort du général de Gaulle. Le 12, célébration du deuil national à Notre-Dame et enterrement à Colombey-les-Deux-Églises.

1971
11 juin-13 juin : congrès d'Épinay du parti socialiste : François Mitterrand prend la tête du nouveau PS.

1972
23 avril : référendum sur l'élargissement de la CEE à la Grande-Bretagne, le Danemark et l'Irlande : 68 % de oui (très forte abstention : 40 %).

1973
24 octobre : Georges Pompidou renonce à la réforme constitutionnelle faisant passer la durée du mandat présidentiel à cinq ans.

1974
2 avril : mort de Georges Pompidou. Alain Poher assure l'intérim de la présidence de la République.

5 et 19 mai : élections présidentielles. Victoire de Valéry Giscard d'Estaing avec 50,81 % des voix.

21 octobre : à Versailles, le Congrès du Parlement* adopte le projet d'extension du droit de saisine* du Conseil constitutionnel* par soixante députés ou soixante sénateurs (*voir* pp. 4-5).

20 décembre : loi Veil sur la libéralisation de l'interruption volontaire de grossesse (IVG).

1975
20 août : le Conseil des ministres de l'Europe décide que l'élection des députés européens se fera au suffrage universel direct.

1976
25 août : démission du Premier ministre Jacques Chirac (*voir* pp. 14-15), remplacé par Raymond Barre.

1977
25 mars : Jacques Chirac élu maire de Paris.

1978
27 janvier : à Verdun-sur-le-Doubs, Valéry Giscard d'Estaing indique « le bon choix » pour la France.

1er février : création de l'UDF (Union pour la démocratie française).

1979
10 octobre : *Le Canard enchaîné* déclenche l'« affaire des diamants ». Le président de la République est accusé d'avoir accepté des diamants de l'empereur Bokassa.

1980
3 octobre : attentat contre la synagogue de la rue Copernic.

1981
10 mai : François Mitterrand élu président de la République avec 1,1 million de voix d'avance sur Valéry Giscard d'Estaing.

17 septembre : abolition de la peine de mort.

1982
28 janvier : première loi Defferre sur la décentralisation.

1983
22-23 mars : reconduction de Pierre Mauroy à Matignon. François Mitterrand tranche en faveur de la politique de rigueur.

1984
24 juin : un million de personnes manifestent à Paris pour défendre l'enseignement privé.

1985
4 avril : démission de Michel Rocard, alors ministre de l'Agriculture, protestant contre la nouvelle loi électorale.

10 juillet : attentat contre le navire Rainbow Warrior.

27 octobre : débat télévisé Fabius-Chirac.

1986
19 février : Robert Badinter est nommé président du Conseil constitutionnel.

4 décembre : manifestation étudiante contre la loi Devaquet. Décès d'un étudiant, Malek Oussekine, à la suite de brutalités policières.

1987
13 septembre : référendum d'autodétermination en Nouvelle-Calédonie. Le maintien du territoire dans la République française est voté par 98,3 % des votants.

1988
24 avril-8 mai : élections présidentielles. François Mitterrand l'emporte sur Jacques Chirac avec 54 % des voix contre 46 %.

Chronologie (suite)

6 novembre : référendum de ratification des accords d'autodétermination de la Nouvelle-Calédonie. 63 % d'abstentions et 80 % de oui.

1989
12 avril : appel des rénovateurs (6 RPR – 6 UDF) à la constitution d'une liste aux élections européennes.
13-14 juillet : cérémonie du bicentenaire de la Révolution.

1990
8 mai : profanation du cimetière juif de Carpentras.

1991
16 janvier : message de François Mitterrand au Parlement, annonçant l'entrée en guerre de la France aux côtés de ses alliés contre l'Irak.
15 mai : démission de Michel Rocard, Premier ministre. Il est remplacé par Édith Cresson.

1992
14 janvier : perquisition du juge Van Ruymbeke au siège du PS dans le cadre des enquêtes de fausses factures.
2 avril : démission d'Édith Cresson. Pierre Bérégovoy la remplace.
22 juin : début du procès des responsables des transfusions sanguines dans le cadre du scandale du sang contaminé.
11-16 septembre : François Mitterrand subit une intervention chirurgicale (cancer de la prostate).
20 septembre : le référendum sur le traité de Maastricht donne une courte majorité au oui : 51,04 % contre 48,95 %. Avec 30,3 % d'abstentions.

1993
15 février : le Comité consultatif constitutionnel remet ses propositions de révisions au président de la République.
17 février : Michel Rocard propose aux militants socialistes un « big bang politique ».
29 mars : Édouard Balladur nommé Premier ministre (deuxième cohabitation).
1er mai : suicide de Pierre Bérégovoy.
22-24 octobre : Michel Rocard élu premier secrétaire du PS.

1994
28 janvier : Robert Hue remplace Georges Marchais au Secrétariat général du Parti communiste français.

25 février : assassinat de Yann Piat, député UDF-PR (ex-FN).
7 avril : suicide de François de Grossouvre, ancien chargé de mission à l'Élysée de 1981 à 1985.
11 décembre : Jacques Delors déclare qu'il ne sera pas candidat à l'élection présidentielle.

1995
23 avril et 7 mai : élections présidentielles : au second tour, Jacques Chirac est élu avec 52,64 % des suffrages exprimés face à Lionel Jospin.
17 mai : nomination d'Alain Juppé à l'Hôtel Matignon.
14 octobre : désignation officielle de Lionel Jospin comme nouveau secrétaire du PS.
Novembre-décembre : mouvements sociaux et grèves.

1996
8 janvier : décès de François Mitterrand.
18 janvier : interdiction de l'ouvrage du docteur Gubler *Le Grand Secret*.
23 novembre : transfert des cendres d'André Malraux au Panthéon.

1997
21 avril : Jacques Chirac dissout l'Assemblée nationale.
25 mai : premier tour des élections législatives.
1er juin : la gauche sort victorieuse du second tour des élections législatives.
2 juin : Lionel Jospin est nommé Premier ministre. Début de la troisième cohabitation*.
6 juillet : Philippe Séguin est élu président du RPR.
2 octobre : le traité d'Amsterdam réformant celui de Maastricht est signé.
8 octobre : ouverture du procès Papon à Bordeaux.
27 novembre : François Hollande est élu premier secrétaire du PS.
16 décembre : la Cour de cassation* rejette le pourvoi d'Henri Emmanuelli qui perd tous ses mandats et devient inéligible pour deux ans.
31 décembre : décision du Conseil constitutionnel jugeant non conformes à la Constitution les dispositions du traité d'Amsterdam sur la libre circulation des personnes. Elle oblige à une révision de la Constitution (*voir* pp. 48-49).

1998
21 janvier : intervention du Premier ministre, Lionel Jospin, à la télévision après un mois de contestation du mouvement des chômeurs.
Du 24 au 31 janvier : perquisition chez Roland Dumas, président du Conseil constitutionnel. Des soupçons planent sur l'ancien ministre des Affaires étrangères : il aurait perçu des commissions à l'occasion de la vente de navires de guerre à Taïwan.

les cinq temps | pratique politique | séduction et spectacle

Glossaire

Alternance : consiste dans le remplacement d'une majorité politique par une autre. Les partis d'opposition accèdent au pouvoir politique et les partis au pouvoir entrent dans l'opposition dans le respect des institutions.

Article 11 : il définit les modalités de la mise en œuvre comme le champ d'application du référendum. En principe, il n'est pas utilisable pour la révision de la Constitution (voir article 89*).

Article 16 : mis en œuvre une fois depuis 1958 (du 23 avril au 30 septembre 1961, à la suite d'un putsch d'officiers en Algérie). Il donne au chef de l'État des pouvoirs considérables, lui permettant de résoudre toute crise d'une gravité exceptionnelle.

Article 49, alinéa 3 : plus connu sous sa dénomination médiatique de 49.3, il permet au Premier ministre de lier l'adoption d'un texte de loi à la responsabilité du gouvernement. Le gouvernement subit le sort de son texte : si la motion de censure* est adoptée, le texte est rejeté et le gouvernement renversé.

Article 89 : il forme, à lui seul, le titre XVI de la Constitution, intitulé « De la révision ». Il apparaît, ainsi que l'écrivent les professeurs Chagnolaud et Quermonne, comme le « *droit commun de la révision constitutionnelle sous la Ve République* ».

Assemblée nationale : assemblée parlementaire élue par les citoyens au suffrage universel direct*.

Bayeux (discours de) : discours prononcé par le général de Gaulle, le 16 juin 1946, dans lequel il exposait, avec précision, sa conception de l'État, du pouvoir, de la République et de la Constitution* idéale. Il a trouvé son application dans la Constitution du 4 octobre 1958.

Bipolarisation : c'est « *un processus de recomposition d'un système de partis autour de deux pôles conflictuels antagonistes* » (*Dictionnaire constitutionnel*).

Cohabitation : coexistence d'une majorité présidentielle et d'une majorité parlementaire antagoniste. Situation vécue en France à deux reprises sous les septennats de François Mitterrand (1986-1988 ; 1993-1995), une fois sous le septennat de Jacques Chirac (1997-...).

Comité consultatif constitutionnel (CCC) : organe non permanent, chargé d'examiner à titre consultatif le projet de Constitution ou de révision de la Constitution. La France en a connu deux : celui présidé par Paul Reynaud en 1958, et l'autre par l'ancien doyen de la faculté de droit de Paris, Georges Vedel, en 1992.

Communauté : nom donné à l'entité que formait la République française avec les pays d'outre-mer devenus indépendants. Le titre XIII de la Constitution lui était consacré. Il ne fut abrogé qu'en août 1995.

Conseil constitutionnel : organe chargé, dans la Constitution de 1958, de contrôler la conformité des lois à la Constitution, la régularité des élections et scrutins nationaux.

Conseil d'État : « *Le Conseil d'État est à la fois conseil du gouvernement en matière législative et réglementaire et juridiction suprême de l'ordre administratif.* » Jean Charlot, professeur de droit public.

Constitution : est, selon le professeur de droit public Dominique Rousseau, « *l'acte par lequel les citoyens définissent les conditions d'exercice du pouvoir politique* ». C'est un texte ouvert et en perpétuelle transformation. « *Acte organisateur des pouvoirs publics, de leur nombre, de leurs attributions et de leurs rapports, la Constitution donne une forme, une structure, et une signification à la société.* »

Constitutionnalisme : expression traduisant, selon le professeur de droit public Yves Mény, « *l'acceptation à la fois juridique et politique de la supériorité de la Constitution sur toute autre norme* ».

Contreseing : signature donnée par une personne habilitée ayant pour objet d'authentifier la signature principale et d'associer le contresignataire à la mesure prise, le rendant ainsi responsable politiquement. Sous la Ve République, le contreseing concerne certains actes du président de la République, ainsi que du Premier ministre.

Cour de cassation : « *Au sommet de la hiérarchie des juridictions françaises depuis plus de deux cents ans, la Cour de cassation veille à la bonne application d'un droit dont elle assure l'unité d'interprétation* » (*Dictionnaire constitutionnel*).

Décentralisation : transfert des compétences (notamment d'ordre administratif) du pouvoir central à des collectivités dont les dirigeants sont élus par les citoyens, dans le cadre des élections municipales, cantonales ou régionales. Elle date de la loi du 2 mars 1982, dite loi Defferre.

Dissolution : prérogative classique de l'exécutif* en régime parlementaire, la dissolution est, selon le professeur de droit Daniel Hochedez, « *l'acte par lequel l'exécutif met fin au mandat d'une assemblée parlementaire avant son terme normal, provoquant ainsi des élections anticipées* ».

Domaine réservé : expression inventée par Jacques Chaban-Delmas en 1959 (et non inscrite dans la Constitution), puis utilisée sous la Ve République, selon laquelle certaines compétences, au sein de l'exécutif, relèvent exclusivement du seul président de la République (défense, affaires étrangères, relations avec l'Afrique francophone).

Droit constitutionnel : « *droit de l'autorité politique* », selon Georges Vedel, ancien doyen de la faculté de droit de Paris.

Exécutif : terme porteur de multiples sens. Il désigne, sous la Ve République, le président de la République, le Premier ministre et le gouvernement.

Juridicisation : « *néologisme désignant le processus de rapprochement progressif d'une procédure administrative vers une procédure de type judiciaire* », Louis Favoreu, professeur de droit public.

Législature : durée du mandat d'une Assemblée politique (cinq ans sauf cas de dissolution pour l'Assemblée nationale).

Motion de censure : nom donné, selon le professeur associé de droit public Didier Maus, « *au document par lequel des parlementaires exposent leurs défiances à l'égard du Gouvernement et expriment leur souhait d'aboutir à son renversement.* »

Ordonnance : décision rendue par un juge unique. Se dit aussi lorsque le Parlement autorise temporairement le gouvernement à intervenir dans le cadre législatif (article 38 de la Constitution).

Parlement : « *Expression couramment utilisée en France, notamment sous la IIIe République, pour désigner les Assemblées législatives, à l'exclusion des organes de l'exécutif* » (Georges Vedel, ancien doyen de la faculté de droit de Paris). Selon l'article 24 de la Constitution de 1958, « *le parlement comprend l'Assemblée nationale et le Sénat* ».

Parlementarisme rationalisé : expression inventée par le doyen Boris Mirkine-Guetzévitch, désignant la codification du régime parlementaire dont les règles sont systématisées. Il peut s'analyser, selon le professeur de droit public Jean Gicquel, « *comme un ensemble de règles juridiques, destiné à préserver la stabilité et l'autorité du gouvernement, en l'absence d'une majorité parlementaire constante* ».

Plan Fouchet : du nom de l'ambassadeur de France à Copenhague (Danemark), Christian Fouchet (1911-1974). Ce plan permettait d'élaborer un projet de traité, à base de commissions intergouvernementales, afin de préparer, grâce à une coopération, la confédération européenne souhaitée par le général de Gaulle.

Plébiscite : dénaturation du référendum détourné de son objet primitif. Il consiste, pour les citoyens, moins à se prononcer sur un texte que sur son auteur, en l'occurrence le chef de l'exécutif* (président de la République ou Premier ministre).

Pouvoir : sur le plan constitutionnel et selon les professeurs de droit Pierre Avril et Jean Gicquel, on parle de pouvoir pour désigner « *le pouvoir législatif, le pouvoir exécutif dont sont investis certains organes, qui constituent les pouvoirs publics* ».

Pouvoir constituant : pouvoir d'inventer, d'adopter ou de modifier une Constitution*. Il est donné à un organe bénéficiant de la compétence constitutionnelle (le peuple ou l'Assemblée désignée à cet effet).

Pouvoirs publics : « *pouvoirs de volonté en vertu desquels les organes de l'État exercent les fonctions de l'État* », selon le professeur de droit public Maurice Hauriou.

Préambule : déclaration de principes moraux et philosophiques, et (comme en France depuis 1791) corps de règles juridiques de nature constitutionnelle placés en introduction d'une Constitution.

Projet de loi : texte législatif présenté par le gouvernement.

Proposition de loi : texte législatif d'initiative parlementaire.

Référendum : « *instrument de la démocratie semi-directe par lequel le corps des citoyens est appelé à exprimer, par une votation populaire, son avis ou sa volonté à l'égard d'une mesure qu'une autre autorité a prise ou envisage de prendre* », Jules Laffrière, professeur de droit public.

Saisine : nom donné à la procédure permettant, pour les pouvoirs publics ou pour un citoyen, de saisir une juridiction.

Suffrage direct : le suffrage est direct lorsque l'électeur désigne lui-même ses représentants. Depuis 1962, le président de la République française est élu au suffrage universel direct, comme les députés, les conseillers généraux, les conseillers municipaux, les conseillers régionaux, ou encore les députés européens.

Suffrages exprimés : correspond au nombre des votants diminué des votes blancs ou nuls.

Suffrage indirect : le suffrage est indirect lorsque l'électeur désigne des délégués élisant ensuite les représentants. En France, sous les IIIe et IVe Républiques, et au début de la Ve, le président était élu au suffrage indirect. Aujourd'hui, les sénateurs de nombreux pays (Autriche, Pays-Bas, France, etc.) ainsi que le président des États-Unis sont élus au suffrage indirect.

Suffrage universel : système où le droit de suffrage est ouvert à tous les citoyens sans aucune restriction tenant à des conditions de fortune, de capacité, d'hérédité. Il peut néanmoins comporter des exclusions d'âge, de sexe ou d'indignité.

les cinq temps | pratique politique | séduction et spectacle

Bibliographie

Baumont (Stéphane), *Quel Président et quelle Constitution pour la VIe République ?*, éditions du Rouergue, 1993.

Chapsal (Jacques), *La Vie politique sous la Ve République*, Puf (Thémis), 3e édition, 2 volumes, 1987.

Colombani (Jean-Marie), Portelli (Hugues), *Le Double Septennat de François Mitterrand, dernier inventaire*, Grasset, 1995.

Duhamel (Olivier), *Le Pouvoir politique en France*, éditions du Seuil, coll. « Sciences politiques », 1993, coll. « Essai », 1995.

Duhamel (Olivier), Mény (Yves), *Dictionnaire constitutionnel*, Puf, 1992.

Favier (Pierre), Martin-Roland (Michel), *La Décennie Mitterrand*, éditions du Seuil, « Les Ruptures », vol. 1, 1990, « Les Épreuves », vol. 2, 1991.

Giesbert (Franz-Olivier), *Le Président*, éditions du Seuil, 1990.

July (Serge), *Les Années Mitterrand*, Grasset, 1986.

Lacouture (Jean), *De Gaulle*, « Le Rebelle » (tome 1), « Le Politique » (tome 2), « Le Souverain » (tome 3), éditions du Seuil, 1986.

Maus (Didier), *La Pratique constitutionnelle française*, La Documentation française, 1995.

Mendès France (Pierre), *Regard sur la Ve République, 1958-1978, entretiens avec François Lanzenberg*, Fayard, 1983.

Mény (Yves), *Le Système politique français*, Montchrestien, 2e édition, 1993.

Vedel (Georges), *Introduction aux études politiques*, 1re partie : « L'évolution du régime politique français depuis 1958 », Les cours de droit, 1976-1977.

Vianson-Ponté (Pierre), *Histoire de la République gaullienne*, Fayard, 2 volumes, 1970-1971.

Dans la collection « Les Essentiels Milan »

Baumont (Stéphane), *Le Jeu politique*, Toulouse, 1997.

Centre de vulgarisation de la connaissance, *Mini-guide du citoyen*, Toulouse, 1995. *Mini-guide de la justice*, Toulouse, 1996. *Guide de la région*, Toulouse, 1996. *Guide du département*, Toulouse, 1996. *Guide de la commune*, Toulouse, 1996. *Guide de l'État*, Toulouse, 1997.

Herbeth (Alain), *La Construction européenne*, Toulouse, 1996.

Molho (Danièle), *François Mitterrand*, Toulouse, 1996.

Platone (François), *Les Partis politiques*, Toulouse, 1995.

Index

Le numéro de renvoi correspond à la double page.

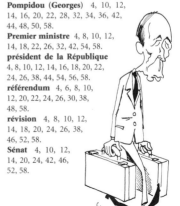

Responsable éditorial
Bernard Garaude
Directeur de collection-Édition
Dominique Auzel
Secrétariat d'édition
Véronique Sucère
Correction – révision
Jacques Devert
Iconographie
Sandrine Batlle
Conception graphique
Bruno Douin
Maquette
Didier Gatepaille
Illustrations
Michel Cambon
Fabrication
Isabelle Gaudon

Les erreurs ou omissions involontaires qui auraient pu subsister dans cet ouvrage malgré les soins et les contrôles de l'équipe de rédaction ne sauraient engager la responsabilité de l'éditeur.

© 1998 Éditions MILAN
300, rue Léon-Joulin,
31101 Toulouse Cedex 1 France

Aubin Imprimeur, 86240 Ligugé. — D.L. avril 1998. — Impr. P 55803